Wolfgang Frick

Die neue Lust am Entscheiden

Wie Sie mit dem täglichen Überangebot
an Möglichkeiten besser zurechtkommen

1. Auflage

2016
Haufe Gruppe
Freiburg · München · Stuttgart

Bibliografische Information der Deutschen Nationalbibliothek
Die Deutsche Nationalbibliothek verzeichnet diese Publikation in der Deutschen Nationalbibliografie; detaillierte bibliografische Daten sind im Internet über http://dnb.dnb.de abrufbar.

Print: ISBN 978-3-648-08171-6   Bestell-Nr. 10150-0001
ePub: ISBN 978-3-648-08172-3   Bestell-Nr. 10150-0100
ePDF: ISBN 978-3-648-08173-0   Bestell-Nr. 10150-0150

Wolfgang Frick
Die neue Lust am Entscheiden
1. Auflage 2016

© 2016 Haufe-Lexware GmbH & Co. KG, Freiburg
www.haufe.de
info@haufe.de
Produktmanagement: Jürgen Fischer

Lektorat: Barbara Buchter, extratour, Freiburg
Satz: Content Labs GmbH, Bad Krozingen
Umschlag: RED GmbH, Krailling
Druck: BELTZ Bad Langensaltza GmbH, Bad Langensalza

Alle Angaben/Daten nach bestem Wissen, jedoch ohne Gewähr für Vollständigkeit und Richtigkeit. Alle Rechte, auch die des auszugsweisen Nachdrucks, der fotomechanischen Wiedergabe (einschließlich Mikrokopie) sowie der Auswertung durch Datenbanken oder ähnliche Einrichtungen, vorbehalten.

Inhaltsverzeichnis

Widmung 9

Vorwort 13

1	**Die Grundprinzipien der Entscheidung**	21
1.1	Der Krieg mit sich selbst	22
1.2	Freier Wille? Von wegen!	24
1.3	Wann ist eine Entscheidung eine Entscheidung?	27
1.4	Entscheidungen sind Wechselkurse	31
1.5	Besser ungefähr richtig statt genau falsch	34
1.6	Mut und Unmut — oder warum wir das Gefühl haben, ständig falsch zu entscheiden	36
1.7	Entscheidungsmuster und wie sie uns immer wieder einholen	39
1.8	Verzögerte Entscheidungen bringen uns ins Schwitzen	42
1.9	Der innere Dialog als Verführer	44
1.10	Fehlentscheidungen leicht gemacht in drei einfachen Schritten	47
2	**20.0000 Entscheidungen täglich**	53
2.1	Die Multiple-Choice-Gesellschaft	54
2.2	Die tägliche Ohnmacht	57
2.3	Entscheidungsneid	60
2.4	Schlaf, Entscheider, schlaf	62
2.5	Der ganz gewöhnliche Entscheidungsstau	67
2.6	Kaufentscheide — und wie sie uns austricksen	72
2.7	Nein denken und Ja sagen	77
2.8	Die großen Lebensentscheidungen oder warum Diäten und Vorsätze scheitern	82
2.9	Die Routine der Entscheidung	87
2.10	Sternzeichen der Entscheider	89
3	**Entscheiden — zu Hause und bei der Arbeit**	95
3.1	Die Herren der Erschöpfung	96

3.2	Miss-Entscheidung	98
3.3	Die ganz normale Dreiecksbeziehung	101
3.4	Kinder, die Könige der Entscheidungslücken	107
3.5	Erziehung zum Familienfrieden	110
3.6	Gewohnheiten sind Entscheidungsgarantien — nicht immer zum Besseren	115
3.7	Entscheidungsträger oder -fäller — was sind Sie?	119
3.8	Entscheidungseffizienz durch Vertrauen	122
3.9	Entscheiden als Führungsinstrument	127
3.10	Entscheidungswege, -prinzipien und -taktiken	132
3.11	Einsame Entscheidungen — bis zum Suizid	138
3.12	Auf- statt untergehen — oder wie Sie die Sommerfrische des Entscheidens entdecken	142
4	**Wegweiser zur besseren Entscheidungsfindung**	**147**
4.1	Entscheide, als wäre es dein letzter Tag — eines Tages wirst du recht haben	148
4.2	Wissen ist Macht. Nicht alles wissen, macht auch nichts.	150
4.3	Die Neuentdeckung der Leichtigkeit	153
4.4	Sei mal nicht du selbst — Anleitung zum Perspektivenwechsel	156
4.5	Neue Rituale fördern neues Denken	158
4.6	Das Ballaststoff-Wunder	161
4.7	Neue Optionen erkennen — mit einem Hauch von Drama	165
4.8	In Ihrem Leben spielen Sie die Hauptrolle — aber kennen Sie auch Ihren Text?	167
4.9	Der Segen schwerer Entscheidungen	171
4.10	Der Entscheidungskompass	174
5	**Friedhof der Entscheidungen**	**179**
5.1	Historische Fehlentscheidungen, die uns schmunzeln lassen	180
5.2	Der Fehler meines Lebens — oder die ganz gewöhnliche Kränkung	183
5.3	Notlügen erlaubt? Die Entscheidung gegen die Wahrheit	186
5.4	Große Entscheider — und was wir von ihnen lernen können	189
5.5	Die letzte Entscheidung — unser Testament	192

Anhang 197
Entscheidungskompass — in welche Richtung tendieren Sie? 198
Auf einen Blick: Zehn Tipps für lustvolles Entscheiden 203

Der Autor 205

Dieses Buch widme ich ganz besonders meiner Frau Barbara und unseren vier Kindern Hannah, Felix, Julia und Konstantin. Sie haben mir nicht nur die Zeit, sondern auch die Inspiration dazu gegeben. Herzlichen Dank.

Wir reifen mit den Entscheidungen, nicht mit den Jahren.

Wolfgang Frick

Vorwort

Zu dir oder zu mir? Oder warum Mönche länger leben
Dieses Buch zu schreiben, war meine. Es zu lesen, Ihre. Und so bringen uns unsere Entscheidungen für eine kurze Zeit zusammen. Mich freut das ungemein, zumal es einem kleinen Wunder gleichkommt. Schließlich gibt es bereits ein paar Bücher, die sich dem komplizierten Vorgang der menschlichen Entscheidungsfindung widmen. Rund 30.000, um genau zu sein. Warum also um Himmels willen nehmen Sie ausgerechnet mein Buch in die Hand?

Wahrscheinlich suchen Sie eine Inspirationsquelle abseits der akademischen Welt, die Ihnen fortan hilft, gezielter zu entscheiden. Vielleicht aber mögen Sie die Anekdoten, mit denen ich meine Standpunkte abseits von Theorie oder mahnendem Zeigefinger zu erörtern pflege. Allenfalls tut es auch gut zu lesen, wie sich historische Größen und der Autor selbst mit Fehlentscheidungen schon zum Narren gemacht haben. Oder Sie haben mein erstes Buch gelesen und versprechen sich von diesem etwas Ähnliches.

Worauf ich hinauswill: Hinter jeder Entscheidung steckt eine Motivation. Und die ist bei allen verschieden. In unserem Fall: Sie wollen etwas erfahren. Und ich? Ich kann nicht anders. Ich bin ein Triebtäter der Worte. Täglich fahre ich zwei Mal 45 Minuten, ein Fußballspiel lang also, von Österreich in die Schweiz zur Arbeit — und zurück. Längst habe ich mir zur Gewohnheit gemacht, die Stille zu nutzen. Statt Musik zu hören, lasse ich meinen Gedanken freien Lauf. Ja, ich gestehe, ich spreche mit meinem Auto. Nein, ich bin nicht verrückt. Wir alle führen Selbstgespräche, wenn wir eine Entscheidung abwägen. Die Stimme der Vernunft versus das Bauchgefühl. Das »Ich« versus das »Über-Ich«. Die linke versus die rechte Hirnhälfte — wie immer Sie es nennen wollen. Welche Stimme gewinnt, hängt manchmal von der Sache, aber viel häufiger von den Umständen wie Tageszeit, Schlafmangel oder Schmetterlingen im Bauch ab. Doch dazu kommen wir später.

Zurück zu meiner Entscheidung, dieses Buch zu schreiben. In der Tat spielt mein Auto dabei eine zentrale Rolle. Denn es hat ein Talent, das immer mehr

Menschen abhandenkommt: Es hört zu. Stundenlang. Ohne aufzumucken — und vergisst dabei kein einziges Wort. Dank modernster Technologie zeichnet es nämlich meine Stimme auf — und sendet mir täglich Sprachnotizen, die mich an all das erinnern, was über meine Lippen kam. Und wissen Sie was? Eines Tages las ich die gesammelten Gesprächsfetzen durch. Dabei fiel mir auf, dass es bei vielen Gedanken und Gesprächen immer nur um eines ging: Entscheidungen. Produkt XY im Sortiment behalten oder auslisten? Bei Orange an der Ampel Gas geben oder bremsen? Den einen gut und den anderen schlecht finden? Und nicht zuletzt: Holst du die Kinder ab — oder fahre ich?

Übung macht den Meister, würde man glauben. Denn wer rund 20.000 Entscheidungen täglich trifft, müsste doch eigentlich ganz gut darin sein. Nur: Das Gegenteil scheint zunehmend der Fall zu sein. Jedenfalls stelle ich fest, dass die unendliche Wahlfreiheit, die wir in unseren Breitengraden genießen, uns kaum freier und viele krank gemacht hat. Wieso, frage ich mich, schießt die Kurve des stetig wachsenden Angebots parallel zu den registrierten Depressionsfällen in die Höhe? Gibt es einen Zusammenhang? Müssen wir lernen, uns zu beschränken? Auch darüber werden Sie später in diesem Buch lesen.

Aber zurück zu meinen digitalisierten Gedanken. In meinem Auto begann ich, Entscheidungen zu studieren. Wie und warum kommen sie zustande, welche Mechanismen und Entscheidungstypen gibt es? Ob Business-Talk, Familiengespräch oder Klatsch, ich sezierte sie alle. Für mich, der von Haus aus ein Schnellentscheider ist, war das eine faszinierende Studie — und letztlich auch die Inspiration zu diesem Buch. Nicht, weil ich meine Entscheidungen für besser halte. Schon gar nicht, weil ich mich damit zum »Entscheidungsmeister« küren möchte. Keineswegs. Ich spürte einfach, wie schwer sich manche mit Entscheidungen tun. Zudem wurde ich in der Vergangenheit von Freunden schon mehrfach nach meinem »Entscheidungsrezept« gefragt. Zwischen diesen Buchdeckeln gebe ich es gerne weiter.

Werden gute Entscheider in die Wiege gelegt?

Es versteht sich von alleine, dass ein Buch über Entscheidungen viele autobiografische Züge trägt. Denn wie wir entscheiden, hat weniger mit unseren Genen als mit den Erfahrungen zu tun, die wir bislang mit unseren Entscheidungsmustern gemacht haben. Was auch erklärt, warum sich Menschen mit »Entscheidungsstau« damit zunehmend schwerer tun. Ich dagegen habe von Kindsbeinen an gelernt, schnell zu entscheiden. Naja, wahrscheinlich haben mich einfach die Umstände dazu gezwungen. Meine Eltern verstarben früh und im Kontext unserer Großfamilie mit acht Geschwistern gab's keine Schonfrist und schon gar keine Zeit für langes Lamentieren oder Jammern. So hatte ich bereits als Dreikäsehoch verinnerlicht, was ich später in gescheiten Seminaren wieder hören sollte:

> **Wichtig** !
> Wer aufhört zu jammern, beginnt zu handeln.

Handeln ist gut, aber auch noch nicht die Lösung, musste ich früh genug feststellen. Denn ich befolgte längst nicht alle Regeln, die es für eine gute Entscheidung theoretisch braucht. Dazu braucht es
1. einen klaren Kopf, um die aktuelle Situation möglichst akkurat einzuschätzen,
2. ein Talent, um die Zukunft »vorauszusehen«,
3. ein Gespür, um sich in die Köpfe anderer hineinzuversetzen, und
4. die Abgeklärtheit, ein gewisses Maß an Unsicherheit auszuhalten.

So trampelte ich als Halbwüchsiger laufend in neue Stolperfallen der Entscheidungsfindung. Pech für mich, müsste man meinen. Doch genau dadurch lernte ich eine weitere, wichtige Lektion: mit meinen Fehlentscheidungen zu leben. Nicht zu hadern, mich nicht tagelang im Selbstmitleid zu suhlen, sondern mit der Konsequenz zu leben. Womit wir wieder am Anfang wären: »Wer aufhört zu jammern, ...«. Aber verstehen Sie mich nicht falsch. Ich bin keiner, der fatalistisch »Je ne regrette rien« singt. Denn natürlich gibt es Entscheidungen, die ich bedaure. Die gibt es bei uns allen. Nur wenn wir sie verarbeiten und uns damit arrangieren, werden sie uns nicht ein Leben lang verfolgen — am besten also, man schließt Frieden mit ihnen.

Eine meiner besten Fehlentscheidungen war jene gegen die Diplomatie: Während meiner Studienzeit lud ein großer Braukonzern in Österreich angehende Absolventen zu einem Event am Arlberg. Zu jener Zeit hatten

Studienabschlüsse, die in Innsbruck gemacht worden waren, noch nicht den besten Ruf. Kaum hatte ich am Tisch des Generaldirektors Platz genommen, kam auch schon die Frage: »Was studieren Sie und wann sind Sie fertig«. Dieser »rufschädigenden Frage« wollte ich mit einer Gegenfrage ausweichen und sagte: »Wissen Sie, was das Schwierigste ist am Technikstudium in Graz?« — »Nein«, antwortete der Generaldirektor. — »Das Umsteigen in Bischofshofen«, antwortete ich. Da sein Lachen sich in Grenzen hielt, kaschierte ich die Stille gleich mit einer weiteren Frage: »Wo haben Sie studiert, Herr Generaldirektor?« — »An der TU in Graz«, war seine kurze Antwort.

Mit etwas mehr Diplomatie oder anderer Fragestellung wäre das Gespräch vielleicht anders verlaufen. Jedenfalls habe ich mich nicht beworben auf die ausgeschriebene Stelle.

Entscheiden wäre ja so einfach, wenn nur die anderen nicht wären
Wir alle kennen sie, unsere Mitmenschen, die bei ihrer Entscheidungsfindung Anlauf nehmen und gerne bei Adam und Eva anfangen. Ganz so falsch liegen sie dabei gar nicht mal. Denn im Paradies, so will man uns glauben machen, lebten wir in einem entscheidungsfreien Raum. Die Sonne schien, Milch und Honig flossen. Erst als sich Eva für den Apfel und nicht für Adam entschied, ging es los mit den bis heute nicht enden wollenden Dilemmas. Warum nur hatten Adam und Eva keine anderen kulinarischen Präferenzen? In China jedenfalls hätte der Apfel überlebt.

Aber wir haben ja gelernt: Nur nicht hadern. Zumal ich auch auf etwas anderes hinauswill: Es sind die Sachzwänge und Mitmenschen, die unsere Entscheidungsfindung erheblich komplizieren. Denn es braucht manchmal viel Selbstvertrauen, um etwas, das für uns alleine, im eigenen Kämmerlein, ganz viel Sinn macht, auch »draußen« im Leben zu vertreten — und durchzusetzen. Mit der Folge, dass all jene, die sehr genau auf ihre eigenen Vorteile bedacht sind, »Egoist« gescholten, und all jene, die dauernd auf das Wohlbefinden des Gegenübers schielen, sozial gelobt, aber als »Entscheidungsschwächling« abgestempelt werden.

Was zeigt: Neben all den wissenschaftlichen Studien, Abhandlungen und Tipps, die es zu diesem Thema gibt, darf eines nie vergessen werden: Entscheidungen brauchen Mut. Ein Wort, das ich als Abkürzung verstehe für:

Möglichkeiten
Umsetzen
Tun

In diesem Buch widme ich dem Thema »Mut zur Entscheidung« verschiedene Kapitel, denn ich halte es für einen der zentralen »Erfolgskomponenten« für gute Entscheidungen. Angefangen vom Mut, sich eine eigene Meinung zu leisten, bis hin zum Mut, Nein sagen zu können. Selbst dann, wenn es bedeuten würde, die Hochzeit zehn Minuten vor dem Ja-Wort abzublasen — was mir glücklicherweise erspart blieb —, wenn es sich nicht richtig anfühlt. Immer noch besser, als schon den ersten Ehestreit anzuzetteln, nur weil man nicht aufs Hochzeitsfoto will. Denn nur zu häufig beobachte ich, wie manche es allen anderen recht machen wollen und dabei sich selbst vergessen. Was dann fatalerweise auch ihr Gegenüber nicht glücklich macht.

Machen Sie es wie die Mönche:
Die Leichtigkeit des Entscheidens entdecken
So. Genug der einleitenden Worte und forsch zur Sache. Einzig dies noch als Warnung: Wenn Sie an dieser Stelle eine abschließende, wissenschaftliche Erläuterung zur richtigen Entscheidungsfindung erwarten, muss ich Sie leider enttäuschen. Denn erstens bin ich ein Praktiker und zweitens folge ich stets meinem inneren Kompass. Der orientiert sich an der systematischen Anwendung des Denkvermögens — oder anders gesagt: am gesunden Menschenverstand. Und der interpretiert gewisse Informationen vielleicht etwas anders, als Sie es erwarten. Ich hoffe, das inspiriert Sie.

Ein kleines Beispiel: Neulich las ich eine Studie, in der ich zu meiner Verwunderung erfuhr, dass Mönche länger leben als wir, die wir uns intensiver mit den weltlichen Herausforderungen herumschlagen. Warum nur, habe ich mich gefragt. Weniger Stress? Wahrscheinlich. Ausgewogenere Ernährung? Da ich noch von keinem Fast-Food-Lokal in einem Kloster gehört habe, gehe ich davon aus. Weniger Qual der Wahl? Ich muss gestehen, ich kenne mich mit dem Leben hinter den klösterlichen Mauern nicht aus. Aber ich erwarte, dass sich die Auswahl an Kleidung, Kerzen und Hostien in engem Rahmen bewegt. Ist es also möglich, dass uns jede einzelne Entscheidung altern lässt? Dass 20.000 Entscheidungen täglich schlicht zu viel sind? Dass wir unseren freien Willen dem freien Markt entziehen sollten? Da ich von Natur aus kein rückwärtsdenkender Mensch bin, interpretiere ich es etwas anders. Ich verstehe es als Aufforderung, die Leichtigkeit des Lebens wieder zu entdecken. Nicht alles endlos schwer zu nehmen. Schließlich ist das Leben mit einem guten Schuss Humor immer besser genießbar. Und wenn es uns dazu noch gelingt, den Ballast von Tausend und einer Möglichkeit abzulegen und uns auf das Wesentliche zu besinnen, dann haben wir den ersten Schritt zu besseren Entscheidungen bereits gemacht.

In diesem Sinne wünsche ich Ihnen eine anregende, spannende Lektüre.

Dr. Wolfgang Frick
Frastanz, im Frühjahr 2016

1 Die Grundprinzipien der Entscheidung

Die Qual der Wahl — was steckt wirklich dahinter?

1.1	Der Krieg mit sich selbst	22
1.2	Freier Wille? Von wegen!	24
1.3	Wann ist eine Entscheidung eine Entscheidung?	27
1.4	Entscheidungen sind Wechselkurse	31
1.5	Besser ungefähr richtig statt genau falsch	34
1.6	Mut und Unmut — oder warum wir das Gefühl haben, ständig falsch zu entscheiden	36
1.7	Entscheidungsmuster und wie sie uns immer wieder einholen	39
1.8	Verzögerte Entscheidungen bringen uns ins Schwitzen	42
1.9	Der innere Dialog als Verführer	44
1.10	Fehlentscheidungen leicht gemacht in drei einfachen Schritten	47

1.1 Der Krieg mit sich selbst

Lustig, nicht? Herrisch wachen wir über unseren freien Willen. Zu Recht. Schließlich haben sich unsere Vorfahren das Selbstbestimmungsrecht vor Jahrhunderten hart erkämpft. Wir verteidigen es nun gegen jeden und alles. Und lassen es gerne auch mal als Argument in Diskussionen einfließen, wenn wir andere Sitten und Völker beurteilen. Und dann das.

Bei jeder Entscheidung, also quasi bei der Vollstreckung unseres freien Willens, wird uns plötzlich ganz anders. Zu viel Auswahl, Erwartungshaltungen, Gruppendruck, Angst vor den Folgen. Und schon verfluchen wir die Bürde des Entscheidens. Was rein rational wenig Sinn macht, hat gute Gründe. Denn Entscheidungen lassen unser Hirn reflexartig reagieren. Schließlich beinhalten Entschlüsse, ob kleine oder große, ob alltägliche oder lebensverändernde, eine Vorhersage über unsere Zukunft. Wir malen uns das Leben »danach« aus. Ob bei der Wahl einer Zahnpaste, der Wochenenddestination oder dem richtigen Lebenspartner, unser Geist begibt sich blitzschnell auf eine virtuelle Entdeckungsreise und malt sich ganz konkret aus, welche emotionalen und materiellen Folgen die Entscheidung wohl haben wird. Und schon beginnt er mit dem Abwägen. Das Schwierige daran: Aufgrund welcher Werte wägen wir eine Entscheidung ab? Auf Basis ethisch-moralischer Wertvorstellungen — oder ganz pragmatisch aufgrund der Dinge, die uns am meisten profitieren lassen?

Als aufmerksamer Beobachter des Zeitgeschehens interessiert mich dabei noch etwas: Weshalb ist mit der evolutionsgeschichtlichen Entwicklung der Menschheit nicht auch ihre Urteilsfähigkeit gewachsen? Ganz einfach: Weil sich der innere Konflikt nie verändert hat.

In zweifelhaften Fällen entscheide man sich für das Richtige.
Karl Kraus

Die Wortspielerei von Karl Kraus lässt uns natürlich schmunzeln, dokumentiert aber letztlich genau die Krux beim Entscheiden. Wie ein Gebot scheint es in unsere Hirnwindungen eingebrannt zu sein: Du sollst nicht fehlentscheiden.

Der Krieg mit sich selbst 1

Das ist natürlich absoluter Blödsinn. Aber Fakt ist: Die Angst, falsch zu entscheiden, ist häufig stärker als die Lust, etwas Neues zu »gewinnen«. Dieser ständige Krieg, der in uns tobt, hat uns zunehmend zu vorsichtigeren Menschen gemacht, die nicht so schnell etwas aufs Spiel setzen. Schließlich haben wir ja etwas zu verlieren. Und so tobt der innere Konflikt mit uns selbst seit Jahrtausenden munter weiter. Wenig überraschend ist es daher, dass der Begriff »Entscheidung« selbst eher martialischen Ursprungs ist.

Laut Wikipedia stammt das Wort aus jener Zeit, als Männer mit Schwertern bewaffnet das Tagesgeschehen dominierten. Damals bezeichnete man jenen Moment, in dem ein Waffenträger sein Schwert aus der Scheide zog und sich damit für den Kampf entschied, als »Entscheidung«. Ein Wort, das fortan auf alle Lebenslagen übertragen wurde und sich schnell im deutschen Sprachgebrauch eingebürgert hat. Noch heute könnte es uns daran erinnern, dass jede Entscheidung unwiederholbar den Lauf der Dinge verändert. Denn selbst wenn wir einen Entschluss zurücknehmen, bleibt immer etwas in den Köpfen und Herzen zurück. Ob beim Schwertträger, der verletzt, gedemütigt oder meist beides seinen Rückzug antrat, oder ob wir heute eine Entscheidung »korrigieren« — zum gleichen Partner, zur selben Arbeitsstelle zurückkehren oder einem Kind etwas erlauben, was noch vor fünf Minuten verboten war —, die Gefühlswelt lässt sich nicht »zurückdrehen«. Etwas bleibt zurück. Beim wiedervereinigten Liebespaar (oder Land), das sich nicht mehr so unbefangen begegnen kann wie einst und beim kleinsten Vorfall Misstrauen aufkommen lässt. Oder beim Kind, das früh lernt, dass es bei Entscheidungen Schlupflöcher gibt — wenn man sich denn clever genug anstellt.

Was wir aus dieser Geschichte lernen können? Wenn wir in den alten Entscheidungsmustern verharren, wird sich der innere Konflikt nie verändern. Weshalb ich für die Leichtigkeit des Seins plädiere. Überlegen Sie sich: Was haben wir bei einer Entscheidung wirklich zu verlieren? Was ist das Schlimmste, das uns bei einer falschen Wahl droht? Meist doch nur, dass uns das Leben mit neuen Ausgangslagen und Chancen konfrontiert. Und das ist so schlecht ja nicht. Aber verstehen Sie mich nicht falsch. Verwechseln Sie Leichtigkeit nie mit Leichtsinn. Weshalb erfolgreiche Entscheider häufig ein »zweistufiges« Entscheidungsverfahren anwenden.

> **Beispiel**
> Max Grundig, einer der erfolgreichsten deutschen Nachkriegsunternehmer, wurde in einem Interview gefragt: »Sagen Sie bitte, Herr Grundig, nach welchen Kriterien treffen Sie eigentlich Ihre Entscheidungen?«
> Der Patriarch lehnte sich zurück, tippte erst mit dem Finger an die Stirn und dann auf seinen Solarplexus: »Ich überlege. Mein Bauch entscheidet.«

Was aber ist überhaupt eine Entscheidung? Und wann ist sie auch wirklich eine? Erst wenn wir das verstehen, kann uns das Entscheiden wieder leichter fallen.

1.2 Freier Wille? Von wegen!

Wir alle haben einen freien Willen. Glauben wir zumindest. Darum sei die Frage erlaubt: Wie frei sind wir in unserer Entscheidungsfindung wirklich?

Bereits seit der Antike wird darüber gestritten. Und auch die Wissenschaft nimmt seit jeher regen Anteil an der Diskussion. So beraubte beispielsweise Charles Darwin die Menschen um das Vorrecht, von Gott erschaffen zu sein. Fällen wir Entscheidungen also rein instinktiv? Das wollten nun wiederum die Materialisten im 19. Jahrhundert nicht gelten lassen und entwickelten die These, das menschliche Verhalten werde vor allem durch die Ernährung festgelegt. Dem widersprach Sigmund Freud, der nicht an den freien Willen der Menschen glauben mochte. In der Neuzeit betreiben die Neurowissenschaften ausführliche Studien — und kommen zur Auffassung, dass Freiheit und Verantwortung reine Illusion seien. Erstens liefen die Prozesse im Gehirn deterministisch ab, will heißen, dass kein Raum für Freiheit und Verantwortung sei. Zweitens sollen das verschiedene Experimente beweisen.

Ich habe Ihnen versprochen, Sie auf keine wissenschaftlichen Exkursionen mitzunehmen. Und dabei bleibe ich. Immerhin bin ich ein praktisch veranlagter Mensch und glaube nur der Studie, die ich selbst zu meiner vollsten Zufriedenheit gestaltet habe. Spaß beiseite. Viel spannender als jede Theorie ist doch die Praxis. Der Blick in unseren Alltag. Was ist nun Vorsehung, was Schicksal, was eigenes Geschick? Was mir auffällt: Wir alle lassen uns stark beeinflussen, wenn wir Entscheidungen treffen. Von Tageszeit, Gefühlslage, Jahreszeit, Umfeld, ja sogar von einer Logik, die je nach Fragestellung komplett anders argumentiert.

> **Beispiel**
>
> Bruder Martin klopft an die schwere Holztür des Abts. Nach einer kurzen Stille wird er gebeten, das spärlich beleuchtete Zimmer zu betreten. Bruder Martin tritt vor seinen Chef und nach dem kurzen Austausch der Begrüßungsformalitäten kommt er gleich zur Sache: »Ich frage mich schon seit geraumer Zeit, ob ich denn rauchen darf, wenn ich bete?« Der Abt schaut ihn verdutzt an und meint: »Natürlich nicht. Wenn du im Gespräch mit Gott bist, gehört ihm die ungeteilte Aufmerksamkeit.«
> Leicht enttäuscht verabschiedet sich Bruder Martin und geht – ohne Zigarette – beten. Einen Tag später steht Bruder Herbert gedankenversunken im Kreuzgang. Als ihm der Abt über den Weg läuft, will er es wissen. »Verzeihung, hochwürdiger Vater, eine kurze Frage.« – »Nur zu, mein Sohn.« – »Ich habe mich gerade gefragt, ob ich wohl beten darf, wenn ich rauche?« – »Aber freilich, mein Sohn. Wenn du dich mit den profanen Dingen des Lebens beschäftigst, wird sich Gott über deine Aufmerksamkeit freuen.« Der Abt ging weiter. Über das Gesicht von Bruder Herbert huschte ein Lächeln. Genüsslich zündete er sich eine Zigarette an – nicht ohne ein kleines Dankesgebet.

> **Wichtig**
>
> Gleiche Ausgangslage + andere Fragestellung + andere Person = neues Resultat

Liegt es also lediglich an uns, die richtigen Entscheidungen herbeizurufen, indem wir sie clever genug »erzwingen«? Das klingt, als läge alles in unserer Macht. Klingt verführerisch, scheint aber leider nicht der Fall zu sein, was wiederum der Blick ins wahre Leben zeigt. Stellen Sie sich vor: Sie stehen in dem Geschäft, in dem Sie üblicherweise Ihren Whiskey kaufen. Als moderater Connaisseur pflegen Sie das Destillat eines guten, aber nicht überteuerten Anbieters zu kaufen. 65 Euro kostet das Wässerchen. Teuer genug, aber schließlich kostet hier die »Top oft the Range« rund 100 Euro. Mit dem Gefühl, ein Schnäppchen gemacht zu haben, kehren Sie nach Hause zurück und genießen Ihren Whiskey, bis er eines Tages zur Neige geht. Sie suchen diesmal ein anderes Geschäft auf, da es gerade am Weg liegt. Hier ist die Auswahl nicht größer, aber etwas exquisiter. Ihr Whiskey kostet auch hier 65 Euro, der teuerste aber steht für über 200 Euro im Regal.

Und was passiert? Sie suchen sich wiederum einen Whiskey aus, der leicht über der preislichen Mitte liegt. Sie verlassen das Lokal mit einem Whiskey in der Tüte, der 100 Euro gekostet hat. Erstaunlicherweise treten Sie auch diesmal fröhlich pfeifend den Heimweg an — mit dem guten Gefühl, ein Schnäppchen gemacht zu haben.

Ja, ja, meinen Sie. Man darf sich ja mal was gönnen, schließlich haben Sie hart gearbeitet und eine erfolgreiche Woche hinter sich. Mag sein. Was aber hier geschah, ist etwas anderes. Im zweiten Geschäft hat sich Ihr Benchmark (= Vergleichs- oder Ankerpunkt als Referenz) verschoben — und schon entscheiden Sie sich anders. Übrigens nicht nur Sie. Dieses Phänomen wickelt uns alle um den Finger.

1.2.1 Freier Wille — nichts anderes als eine Illusion?

Leben wir also in einer Illusion, wenn wir annehmen, dass wir uns selbst entscheiden? Sind wir lediglich ein Spielball der Umstände, die uns mal so, mal anders entscheiden lassen? Ich bin der Überzeugung, dass es, wie immer im Leben, nicht ganz so populistisch einfach ist. Denn bedenken Sie: Der Mensch kennt seine Grenzen recht gut, wenn es um rein praktische Dinge geht. Wir bauen Aufzüge, weil sie schneller und bequemer sind als Treppensteigen. Wir können nicht fliegen, also bauen wir Flugzeuge. Ingenieure entwickeln Maschinen, die mit geringerem Kerosinverbrauch immer weiter fliegen. Denn die Herausforderungen, die sich ganz konkret berechnen lassen, sind rein sachlicher Natur. Erdanziehungskraft, Geschwindigkeit, Aerodynamik, Anzahl der zu transportierenden Menschen, Umweltauflagen und vieles mehr, von dem ich wenig verstehe. Wichtig aber: Es gibt Lösungen, die sich objektiv betrachtet als richtig(er) herausstellen. Und schon fällt es uns leicht(er), Entscheidungen zu treffen.

Kommen aber Emotionen ins Spiel, fehlt uns dieser Fixstern der logischen Orientierung. Wir kennen unsere Limitierung nicht, über- oder unterschätzen uns und entpuppen uns darum als sehr beeinflussbare Entscheider. Erst recht, weil man sich immer nur für eines entscheiden kann, aber stets gegen viele Optionen entscheiden muss. Cappuccino oder Cafè Mocha, Cafè Latte, Espresso, Doppelter Espresso, Espresso Macchiato oder Café

Crème? Kein Wunder, dass uns angesichts dieser vielfältigen Alternativen ständig das Gefühl beschleicht, uns falsch zu entscheiden.

Der Clou daran: Bei diesem Beispiel gibt es keine »richtige« Wahl. Trotzdem befürchten wir, uns falsch entschieden zu haben, wenn unser Tischnachbar vor einem anderen Getränk sitzt und bei jedem Schluck schwärmerisch in die Gegend blickt.

Haben wir nun aber einen freien Willen — oder nicht? Natürlich ist das auch eine lebensphilosophische Frage, die ich als bedingungsloser Optimist bejahe. Die Herausforderung erscheint mir lediglich darin zu liegen, auch in emotionalen Entscheidungsbereichen solche Leitplanken zu finden, wie wir sie bei rein sachlichen Entscheiden konsultieren. Dies bedingt jedoch, dass wir uns tagtäglich selbst aufmerksam beobachten: Wie entscheiden wir? Weshalb? Je besser wir uns selbst kennen und einschätzen, umso konstanter werden unsere Entschlüsse.

Aber vorab: Geben Sie die Hoffnung auf, immer gleich entscheiden zu können. Daran wird Sie vielleicht schon der nächste Vollmond hindern.

1.3 Wann ist eine Entscheidung eine Entscheidung?

Was für eine Frage? Das ist doch ganz einfach: Eine Entscheidung wird logischerweise immer dann gefällt, wenn ich mich, symbolisch gesprochen, an einem Scheideweg befinde und mich entscheide:
- rechts
- geradeaus
- links
- zurück

Die Wahl aus diesen Alternativen stellt das Resultat dar, ist ergo die Entscheidung. Was um alles in der Welt soll daran so kompliziert — und ein Buch wert sein? Nun, Wanderer, Rad-, Motorrad- und Autofahrer haben es in der Tat nicht allzu schwer. Einerseits, weil jede Kreuzung nur eine sehr limitierte Anzahl an Auswahlmöglichkeiten bietet. Zum anderen, weil uns eine mehr oder weniger charmante Stimme aus dem Navigationssystem sowieso den Weg weist. Nur leider steht uns ein ähnliches System nicht zur Verfügung, wenn wir den idealen Lebenspartner, den richtigen Job oder die lukrativste Investitionsmöglichkeit suchen. Das an sich wäre ja schon kompliziert genug. Erschwerend kommen Lebensumstände, Erwartungshaltungen und Sachzwänge dazu, die sich auch noch von Tag zu Tag ändern. Eine kleine Kostprobe.

> **Beispiel**
> Weihnachtszeit. »Die Jahreszeit der Liebe«, sagen die einen, »Stress in Reinkultur« die anderen. Da ich in einem Unternehmen arbeite, das auf die täglichen Umsätze der Konsumenten angewiesen ist, tendiere ich eher zu Letzterem. Schließlich ist Weihnachten die Hochsaison des Detailhandels. Die Konsequenz: Der Dezember foltert mich stets mit besonders schwierigen Entscheidungen. Besuchen unsere Kinder doch in der Adventszeit Nikolausabende, spielen Fußball bei Nikolausturnieren, singen an Weihnachtsabenden und treten in Adventsaufführungen auf. Meist auch noch gleichzeitig. Dazwischen will man(n und Frau) auch noch ein Paar sein und ganz nebenbei Weihnachtstage planen und -einkäufe erledigen. Kurzum: Das familieninterne »Unterhaltungsangebot« ist gigantisch und steht in direkter Konkurrenz zu all den Weihnachtsanlässen des Geschäftslebens.
> Wann also sehe ich wen? Und wen verletze ich, wenn ich nicht erscheine? Verlierer gibt es immer. Und meistens sind wir es selbst. Schließlich können wir uns ja nicht zwei- und dreiteilen, was uns gerade an solchen Tagen manchmal schrecklich schmerzt.

In meinem Fall habe ich am 6. Dezember einmal den Nikolaus Nikolaus sein lassen und bin geschäftlichen Pflichten nachgekommen. Die Kinder werden es mir hoffentlich nicht krummnehmen. Und schließlich spielte ich selber über 500-mal den Nikolaus. Als Kompensationsentscheid — man sucht ja immer den inneren Ausgleich — stürme ich am Folgetag aus einem Meeting, um mit meinen beiden Söhnen zum Fußballspiel zu fahren. Es ist wie immer. Ein Rennen mit der Zeit, immer zu spät. Knapp nach Anpfiff sitzen dann auch wir drei auf der Tribüne. Am nächsten Tag pendle ich zwischen den Nikolausturnieren der Tochter und des Juniors, um zwischendurch zu einem Geschäftstermin zu hetzen. So habe ich in wenigen Tagen eine Unmenge Entscheidungen getroffen und den einen und die andere damit vor den Kopf gestoßen. Welche aber waren wirklich meine Entscheidungen?

1 Wann ist eine Entscheidung eine Entscheidung?

Sie riechen den Braten und wissen, worauf ich hinauswill. Wir treffen sehr viele Entscheidungen, die nicht immer unseren inneren Wertvorstellungen und Absichten entsprechen. Denn selbstverständlich würde ich im Dezember nur allzu gern gemütlich mit meiner Frau flanieren gehen, unseren Kindern bei jedem Auftritt zujubeln und dazu noch allen meinen Geschäftspartnern meine Aufwartung machen, wann immer sie es erwarten. Nur: Alles unter einen Hut zu bringen, geht häufig in die Hose.

Darum stellt sich für mich eben genau diese Frage: Wann ist eine Entscheidung auch wirklich eine Entscheidung? Wikipedia hat die Antwort:

> **Ent|schei|dung** !
> »Eine Entscheidung ist eine Wahl zwischen Alternativen oder zwischen mehreren unterschiedlichen Varianten von einem oder mehreren Entscheidungsträgern in Zusammenhang einer sofortigen oder späteren Umsetzung. Eine Entscheidung kann spontan bzw. emotional, zufällig oder rational erfolgen.«

Gemäß dieser Definition muss ich davon ausgehen, dass jede Entscheidung sehr bewusst gefällt wird. Stimmt nur leider nicht. Denn den Großteil unserer täglichen 20.000 Entscheidungen fällen wir reflexartig, unbewusst — und eben häufig auch als Kompensation, um andere nicht vor den Kopf zu stoßen. Dazu kommen Tabus und Konventionen, die zu brechen uns häufig der Mut fehlt. Nicht zu vergessen, dass Schlafmangel, Schlechtwetterperioden, Geldmangel und ähnlichen Sorgen jede Entscheidung zu einem russischen Roulette machen können. Sprich: Am Folgetag würde sie vielleicht ganz anders ausfallen. Ganz nebenbei: Aus der Marktforschung wissen wir, dass fünf von sechs Personen russisches Roulette sehr unterhaltsam finden.

Ganz zu schweigen von Manipulationsversuchen unserer Mitmenschen, die auf uns niederprasseln: »Wenn ich du wäre, ...« — würde ich sowieso alles richtig machen.

Ich frage Sie: Welche Entscheidungen, die Sie heute gefällt haben, waren wirklich die Ihrigen? Welche haben Sie als Kompromiss gefällt? Welche, um jemandem zu gefallen, welche aus reiner Gewohnheit — und welche aus voller Überzeugung? Sie brauchen sich bei dieser Bestandsaufnahme nicht schlecht zu fühlen. Das geht uns allen so. Aber eigentlich muss das Ziel doch sein, Entscheidungen wieder viel bewusster zu treffen. Doch das ist leichter gesagt als getan. Mein Telekommunikationspartner alleine offeriert mir sechs Abos mit fünf möglichen Zusatzdiensten, sprich 30 Optionen. Manche Autoanbieter prahlen damit, zigtausend verschiedene Modellvariationen ausliefern zu können. Oder ein Kaffeeanbieter, der seine Kunden mit zahllosen Kaffeevariationen mehr verwirrt als bereichert, weil sie 16 Jahre brauchen würden, um jede einzelne Variation auszuprobieren. Wie bitte, meinen Sie, soll man bei dieser täglichen Angebotsflut bewusst entscheiden? Eine gute Frage, die ich gerne mit einer Anekdote beantworte.

> **Beispiel**
>
> Ein Bekannter von mir ist Vater von zwei kleinen Kindern. Wann immer er an einer Eisdiele vorbeikommt, torpedieren ihn seine Kleinen mit: »Bitte, bitte, ein Eis, bitte!« Anfänglich hat er ihnen geduldig das gesamte Angebot vorgelesen. Mit dem Resultat, dass der Bestellungsvorgang in der Regel nicht unter 15 Minuten zu schaffen war. Was ihn eine kreative Lösung entwickeln ließ, mit der es inzwischen nie länger als eine Minute dauert, bis die Kinder das Eis in der Hand halten: »Ihr könnt wählen: Schokolade- oder Brokkoli-Eis?« — »Waaaas, Broooookkoli? Wäh, wollen wir nicht.« — »Gut, dann nehmen wir Schokolade, ja?« — »Jaaaaaaaaaahhh!«

Was wir daraus lernen können:
- Die Reduktion der Auswahl macht das Leben leichter.
- Wer nur zwischen »Gut« und »Böse« wählen kann, ist immer glücklich.

Im Ernst, ich bin davon überzeugt: Wenn wir eine neue Art des Entscheidens entdecken, werden wir unbeschwerter und selbstbestimmter leben können. Ich wünsche mir, dass die folgenden Kapitel Sie zu dieser neuen Lust am Entscheiden inspirieren können.

1.4 Entscheidungen sind Wechselkurse

Wenn der Mensch ein rein rationales Wesen wäre, würde sich das mit den kniffligen Entscheidungen ganz einfach gestalten. Denn sie wären, rein ökonomisch betrachtet, einfach eine Währung, mit der wir für unser Tun bezahlen. Klingt abstrakt, ist aber ganz offensichtlich. Schließlich lassen uns Entscheidungen von einem Zustand zum anderen wechseln, für den wir einen ganz bestimmten Preis entrichten. Zur Veranschaulichung eine kleine Anekdote.

> **Beispiel**
>
> Ein gemütlicher Abend bei Freunden. Man trifft sich, plaudert, genießt. Die kulinarischen Kreationen kommen mit einer spontanen Regelmäßigkeit aus der Küche, dass es schon fast an ein Förderband im Sushi-Lokal erinnert. Der Wein passt, die Gespräche sowieso. Man schwelgt, spricht über Gott, seine Welt und andere Verschwörungstheorien. Kurzum, aus einem beliebigen Abend wird plötzlich eine Nacht, an die man sich noch in Jahren gerne erinnern wird. Die Zeit bleibt stehen, zumindest gefühlt. Dass sie es nicht tut, weiß ich sehr wohl. Und so kommt der Moment, an dem ich abzuwägen beginne:
> - Bleiben = plus ein Achtel Wein minus eine Stunde Schlaf
> - Gehen = plus eine Stunde Schlaf minus Carpe Diem
>
> Ich entscheide mich für Geselligkeit, die ohne das Erste nicht auszukommen scheint. Jedenfalls stoße ich mit meinen Freunden genüsslich an, lass morgen morgen sein und gebe mich dem Moment hin, bis ich den Rücken des letzten Gastes sehe. Dessen ungeachtet schreitet die Nacht fort, das geplante Programm des kommenden Tages aber naht unaufhaltsam. Und so entscheide ich mich weit nach Mitternacht dann doch für den Heimweg. Zu Hause falle ich glücklich ins Bett, dankbar für Freunde und Erlebtes. Gefühlte fünf Sekunden später klingelt der Wecker:
> - Aufstehen und mit Familie Skifahren gehen
> - Liegenbleiben und alle ausschlafen lassen
>
> Der Blick aus dem Fenster verheißt kein Kaiserwetter. Also tue ich meiner Familie den Gefallen und gönne allen, insbesondere mir, den Genuss einer zusätzlichen Stunde Schlaf.

Rabenvater? Genussmensch? Opportunist? Es gibt viele Bezeichnungen, keine und alle treffen zu. Denn eine Stunde später rappeln wir uns alle aus der Kiste und stehen kurz darauf auf der Piste. Nichts verpasst? Nun, der Tiefschnee liegt nicht mehr ganz so unberührt, die Schlangen am Lift sind länger, die Pisten überbevölkert. Es ist nicht abzuleugnen: Meine vorabendliche Stunde Geselligkeit hat uns alle mindestens drei ungestörte Tiefschneeabfahrten gekostet — was ganz ehrlich gesagt meinem Fahrstil sehr entgegenkommt.

> **!** Diese »Handelsgeschäfte« betreiben wir alle tagtäglich:
> - Spätabends den Film zu Ende schauen
> - Ausgeruht aufstehen
>
> - Mit Arbeitskollegen plaudern
> - Pünktlich nach Hause gehen
>
> - Pasta genießen
> - Diät einhalten

Das Prinzip dahinter ist ganz einfach. Die offensichtlich richtige Wahl ist für uns Menschen viel schwieriger durchzusetzen, weil der Nutzen erst später eintrifft. Viel einfacher ist es, der unmittelbaren Versuchung nachzugeben. Und wir meinen dann ganz lapidar: »Das war es mir wert.«

Rund ein Drittel meiner Leser allerdings werden dieses Verhalten nur schlecht verstehen. Darauf deuten Studien wie der »Marshmallow-Test« des Psychologen Walter Mischel hin. Zur Erklärung: In den 1960er-Jahren setzte er 4- bis 6-jährigen Kindern ein Marshmallow vor und versprach ihnen ein zweites, wenn sie dem ersten 15 Minuten lang widerstehen konnten. Das gelang in der Regel rund 33 Prozent aller Kinder. Richtig spannend aber wurde es 13 Jahre später, als er die gleichen Personen nochmals testete. Und siehe da: Die Willensstarken von damals meisterten die Tests, jetzt mit Anreizen für Erwachsene, wiederum besser. Aber sie waren auch gesünder, erfolgreicher im Beruf, sozial-kompetenter sowie seltener drogenabhängig als ihre Kollegen, die den Versuchungen leichter nachgaben. Was uns zu dem Schluss kommen lässt: Wer bei seiner Entscheidungsfindung auf unmittelbare Belohnung verzichten und sich das langfristige Ziel vor Augen halten kann, den belohnt das Leben.

Entscheidungen sind Wechselkurse 1

Heißt das nun, dass für zwei Drittel meiner Leser bei der Entscheidungsfindung Hopfen und Malz verloren ist und sie stets in die Falle der unmittelbaren Belohnung stapfen? Natürlich nicht. Denn wer sich dieses Entscheidungsmusters bewusst ist, kann es ganz gezielt ändern. Meine Empfehlung: Brennen Sie sich diese Erkenntnis ins Langzeitgedächtnis ein und verändern Sie Ihr Verhalten. Stück für Stück, Tag für Tag. Das übrigens lässt sich üben. Mit kleinen Aufgaben, die Sie sich selber stellen: Belohnen Sie sich erst mit einem Dessert, wenn Sie Sport betrieben haben. Gehen Sie erst shoppen, wenn ein Projekt erfolgreich abgeschlossen ist. Setzen Sie sich ein Sparziel und belohnen Sie sich danach mit etwas, das Ihnen Freude macht. Ganz wichtig dabei: Bringen Sie Ihre Ziele zu Papier und kramen Sie den Zettel hin und wieder als Erinnerungshilfe hervor.

Natürlich wird Ihnen diese Entscheidungstechnik nicht leicht und schon gar nicht in den Schoß fallen. Jedenfalls nicht mit der Leichtigkeit, mit der die geborenen Willensstarken sie beherrschen. Aber immerhin. Das Wissen, dass das Leben dieses langfristig planende Verhalten belohnt — zumindest statistisch —, ist ein starker Anreiz, sich darin zu versuchen. Was nicht heißt, dass Sie zwischendurch nicht mehr über die Stränge schlagen dürfen. Ich jedenfalls werde die goldenen Stunden mit meinen Freunden, wenn es sich denn wieder ergibt, weiterhin in vollen Zügen genießen. Aber für mich sind diese Momente auch keine kurzfristige Belohnung, vielmehr ein langfristiger Bonus für die »Entbehrungen« zwischendurch.

Denken Sie an Lebenserwartung oder an ein Erwartungsleben? Wie stark ist Ihr Glaube an das Morgen im Gegensatz zum Hier und Jetzt und Gleich? Kinder machen es einem in Sachen Ungeduld ja vor — nicht nur in der Vorweihnachtszeit, auch im Urlaub. Wo ist der Pool, wann gibt es Schnitzel mit Pommes und wo ist der Kinderclub — das war früher. Heute ist die erste Frage: Wie lautet der WLAN-Code. Unsere Kinder sind die neuen Patienten für eine künftige Digitaltherapie.

1.5 Besser ungefähr richtig statt genau falsch

Seien Sie gewarnt. Diese Zeilen werden schwere Kost für alle Perfektionisten unter Ihnen. Übrigens eine Gattung Mensch, die sich entweder vehement gegen diese Bezeichnung wehrt — oder ganz besonders stolz darauf ist. Egal, beide verbindet die besondere Begabung, kein Detail zu vernachlässigen, nichts dem Zufall und schon gar nicht den Kollegen zu überlassen. Und die Krönung: stets nach dem Besten zu streben. Leute wie diese wollen Sie an Ihrer Seite wissen, wenn Sie Forschung betreiben, Häuser, Brücken oder Straßen bauen sowie neue Produkte und Dienstleistungen auf den Markt bringen wollen. Denn nur Menschen mit notorischer Unzufriedenheit wird es gelingen, bahnbrechende Lösungen zu finden, die auch halten, was sie versprechen. Nur eines sollten Sie diesen Leuten nicht zumuten: große Entscheidungen. Warum? Alles, was Perfektionisten stark macht, lähmt sie als EntscheidungsTRÄGER. Oder sind sie doch EntscheidungsFÄLLER? Schließlich leben chronische Perfektionisten in einer binären Welt von Null und Eins, Schwarz und Weiß, alles oder nichts.

- Fehler machen? Nicht gestattet.
- Informationen ausblenden? Kommt nicht in die Tüte.
- Pläne ändern? Treibt sie in den Wahnsinn.

All dies würde bedeuten, mit den eigenen Plänen gescheitert zu sein. Das jedoch ist mit dem Bekenntnis nach Perfektion nicht zu vereinbaren. Das Resultat: Bevor es überhaupt zu einer Entscheidung kommt, bleibt kein Stein auf dem anderen. Jede Eventualität muss berücksichtigt, einkalkuliert und gewichtet werden. Denn — und auch das ist ein Charakterzug aller Perfektionisten — die Vorstellung, in den Augen der anderen einen Fehler gemacht zu haben, ist unerträglich. Sprich: Jede Entscheidung dauert, keine fällt leicht und schon gar nicht, bevor man sich alle möglichen Auswirkungen in ihren verschiedensten Facetten ausgemalt hat.

Dabei — und jetzt kommt's dicke für alle Perfektionisten — gibt es sie nicht, die perfekte Entscheidung. Kann es sie nicht geben. Wie auch? Wir erinnern uns: Eine Entscheidung ist das unglückliche Dilemma, sich nur für eine Option entscheiden zu können und unzählige andere Möglichkeiten ausschließen zu müssen. Nur in den seltensten Fällen können wir im Leben zwischen Schwarz und Weiß entscheiden. Meist aber bewegen wir uns in

1 Besser ungefähr richtig statt genau falsch

Grauzonen. Und da beginnt die Krux. Stellensuchende wissen, wovon ich rede. Der Job A bei Firma X hat drei klare Vorteile, der Job B beim Unternehmen Y drei andere und Job C bei Z verwirrt uns durch ganz neue Aspekte. Welches ist nun bitteschön die perfekte Wahl? Entscheiden heißt verzichten und wie heißt es so schön: There is no free lunch. Nichts wird einem geschenkt. Alles hat seinen Preis.

Sie sehen: Entscheiden hat auch immer mit der Kunst zu tun, Unwichtiges ausblenden und das übergeordnete, größere Bild im Auge behalten zu können. Das übrigens wusste schon ein großer Denker und Namensvetter von mir lange vor unserer Zeit.

Entscheide lieber ungefähr richtig als genau falsch.
Johann Wolfgang von Goethe

Wenngleich Goethe Anfang des 19. Jahrhunderts noch nicht mit unserer Hochgeschwindigkeitsgesellschaft konfrontiert war, dürfte er als Minister und Leiter des Hoftheaters erkannt haben, dass Hadern und Zögern selten die Begleiter von gelungenen Entscheidungen sind. Besser mal einen Kompromiss eingehen, der in die gewünschte Richtung geht, als unnachgiebig auf seine Linie zu pochen und dabei viel Zeit zu verlieren. Sonst wäre an seinem Hoftheater die eine oder andere Vorstellung wohl ins Wasser gefallen, was ihn längerfristig seine Stelle hätte kosten können.

Aber verstehen Sie mich, und insbesondere Goethe, nicht falsch. Kompromisse sind kein Freibrief für »Wischiwaschi«. Auch das beweist der große Meister — mit der Qualität seiner Arbeit. Zudem spricht er von »ungefähr richtig«. Gefordert ist darum die Fähigkeit, sich auf das Wesentliche konzentrieren zu können und nur Informationen in die Entscheidungsfindung einfließen zu lassen, die a) relevant oder b) einschränkend sind. Auch wenn wir dabei die eine oder andere Entscheidung »nachbessern« müssen, kommen wir so unseren Zielen schneller oder eben in angemessener Frist näher. Meine Theorie jedenfalls ist, dass heute niemand Goethe kennen würde, hätte er mit einem anderen Entscheidungsmuster gearbeitet. Bezeichnenderweise gibt es denn auch nur eine berühmte »Unvollendete«, über die man heute noch spricht. Die stammt allerdings nicht von Goethe, sondern von einem anderen Namensvetter von mir, heute in Form von Mozart-Kugeln erhältlich.

Und so verwundert es nicht, dass Goethes Entscheidungsdevise noch heute in modernen und vor allem erfolgreichen Unternehmen zum Einsatz kommt. Nur leider allerdings wird das »Besser ungefähr richtig als genau falsch« häufig nicht gelebt. Vielerorts ist die Toleranz, auch mal Fehler zu machen, nicht eben hoch. Darauf kommen wir später noch zu sprechen. Übrigens nicht erst seit gestern, auch das beweist der große Denker und Dichter Johann Wolfgang von Goethe gleich selbst. So rang er geschlagene 18 Jahre mit sich und der Akzeptanz der Gesellschaft, bis er aus seiner unstandesgemäßen, amourösen Bekanntschaft seine amtlich legalisierte Gattin machte. Wetten, dass Christiane Vulpius mit seinem Entscheidungstempo nicht einverstanden war?

1.6 Mut und Unmut — oder warum wir das Gefühl haben, ständig falsch zu entscheiden

Bis zu 20.000 Entscheidungen also will der Alltag von uns haben. Liegt es an der exzessiven Auswahl, dass uns ständig das Gefühl befällt, mit unserer Entscheidung falsch zu liegen? Ist es die schiere Masse, welche die einen nur zögerlich, andere nur mit einem schlechten Gewissen und manche wiederum gar nicht entscheiden lässt? Die Qual der Wahl also? Klingt verführerisch einleuchtend, greift für mich aber viel zu kurz. Ein kleines Experiment zeigt, worauf ich hinauswill.

! **Beispiel**

Ich lade Sie zu einem Dinner mit Ihrem Partner ein. Sie können zum Hauptgang zwischen einem saftigen Stück Fleisch vom Holzkohlengrill, einem raffiniert gewürzten Fisch oder einem erstklassigen Schnitzel mit Pommes Frites wählen. Was nehmen Sie bloß? Ich kann Ihnen verraten: Egal für was Sie sich entscheiden, zu 80 Prozent wird Sie das ungute Gefühl überwältigen, sich falsch entschieden zu haben. Aus dem einfachen Grund, weil Sie die köstliche Alternative, für die Sie sich nicht entschieden haben, mit ziemlich großer Sicherheit direkt vor Augen haben werden und sehen, wie Ihr Partner diese gerade genüsslich kredenzt bekommt.

Mut und Unmut — oder warum wir das Gefühl haben, ständig falsch zu entscheiden 1

Die Angst, sich falsch zu entscheiden, hat also nichts mit der zu großen Angebotsmenge zu tun, mag sie manchmal auch noch so erdrückend sein. Aus meiner Sicht sind es viel eher diese Gründe:

- Erstens: Wir wissen zu wenig, was wir wollen.
- Zweitens: Wir wissen zu sehr, was wir nicht wollen.
- Drittens: Wir denken zu wenig in Optionen.

Der erste Punkt ist einfach. Wer keinen Plan hat, nichts verpassen will oder alles haben möchte, wird selten mit seinen Entscheidungen richtig glücklich werden. Denn, und das ist meine Meinung, ein wahres Glücksgefühl stellt sich nur dann ein, wenn es uns in einem kompromisslosen Zustand des »Ohne Wenn und Aber« erwischt. Wer sich herzhaft für das Schnitzel mit Pommes Frites entscheidet, wird es in vollen Zügen genießen können. Wer aber aus lauter Gier, nichts verpassen zu wollen, zwei Gerichte gleichzeitig bestellt, dem wird beides im Magen liegen.

Zum Zweiten: Wer sich zu sehr von einer festen Meinung leiten lässt, weiß gar nicht, was er alles verpasst. Oder, wie es die Briten formulieren: »Ignorance is bliss« (Unwissenheit ist ein Segen). Leute mit einer vorgefertigten Meinung wurmt also selten das Gefühl, sich falsch entschieden zu haben. Der Haken daran: Wer jedes Mal auf Nummer sicher geht und sich gleich entscheidet, ohne über Alternativen nachzudenken, beraubt sich möglicherweise einer wohltuenden Abwechslung. Und die, Sie wissen es, macht das Leben erst richtig süß.

Der dritte Punkt trifft meiner Meinung nach des Pudels Kern. Wir denken alle zu wenig und zu selten in Optionen. Oder anders formuliert: Weil wir nicht genau wissen, was wir wollen, lassen wir uns von den äußeren Umständen laufend beeinflussen und verunsichern. Was denken wohl die anderen? Oder in unserem Gourmet-Test: Was denkt wohl der Gastgeber über mich und meine Wahl? Bei diesem Punkt geht es also letztlich nur um eines: Mut!

Wer den Mut hat, das Leben nach Lust und Laune und seinen eigenen Wertvorstellungen zu erforschen, weiß, dass auch mal eine falsche Entscheidung dazugehört, denn »Everybody's darling is nobody's friend«.

Wer die Gelassenheit besitzt, das Lebensglück nicht in jeder Minute erzwingen zu wollen, kann viel lässiger, leichter und selbstbestimmter entscheiden. Was selbstredend auch zu besseren Entscheidungen ohne nachträglichen Unmut führt. Wenn wir also nicht ständig das Gefühl haben möchten, uns falsch zu entscheiden, müssen wir wissen, was uns glücklich macht. Und wir brauchen den Mut, dafür auch einmal ungewöhnliche Wege einzuschlagen. Kreativität also ist gefordert.

Wie einfach das manchmal geht, beweist mir ein Bekannter, der tatsächlich im Restaurant nie länger als sieben Sekunden in eine Menükarte starrt. Sein Erfolgsrezept: Er wählt das »Erstbeste«. Also jenes Gericht, das ihn bei der Lektüre als Erstes überzeugt. Danach wird die Karte geschlossen. Aus. Amen. Und genießen. So besitzt er — gemäß seiner Theorie — stets das gute Gefühl, das Beste ausgewählt zu haben. Unabhängig davon, dass er vielleicht auf Seite 4 seine Leibspeise gefunden hätte. Denn davon weiß er ja nichts.

Sie sehen: Dieser Mann isst immer glücklich. Sein Auswahlverfahren aber ist unkonventionell und braucht Mut zur Lücke.

Gute Entscheider, die nicht ständig das schlechte Gefühl beschleicht, falsch zu entscheiden, sind darum nicht zufällig meist Menschen mit Mut und Zivilcourage, selbstbewusste Zeitgenossen also, die wissen, dass Lebensglück kein Zufall ist. Glück — und das versprechen wir uns ja von jeder Entscheidung — ist auch kein Dauerzustand. Es muss ständig mit neuen Entscheidungen nachjustiert werden. Und sobald du die Antwort hast, ändert das Leben die Frage.

Und schließlich: Entscheidungen, die uns zufrieden machen, haben nichts mit der Auswahl, sondern mit unserer inneren Einstellung zu tun. Mein Tipp darum: Halten Sie jeden Tag einmal kurz inne. Gönnen Sie sich den Luxus von fünf stillen Minuten. Blenden Sie E-Mails, TV, Radio, Internet sowie nörgelnde Lebens- und Arbeitspartner aus und fragen Sie sich, was Sie genau jetzt glücklich machen würde. Benutzten Sie dieses Gefühl dann als Kompass für Ihren Tag. Probieren Sie es ruhig aus. Sie werden sehen: Gute Entscheidungen haben mit Ihnen zu tun. Nicht mit der Auswahl, die Ihnen gerade geboten wird.

1.7 Entscheidungsmuster und wie sie uns immer wieder einholen

Alles, was Sie bisher erlebt, erreicht oder eben nicht erreicht haben, ist das Resultat vorangegangener Entscheidungen. Egal ob groß oder klein, jeder Entschluss prägte Ihr Schicksal. Der Volksmund sagt nicht umsonst: »Jeder ist seines Glückes Schmied.« Was uns daran erinnert, niemandem vorschnell den Schwarzen Peter zuzuschieben, wenn es mal nicht so läuft, wie wir es uns erhofft haben.

Unsere Entscheidungen also lassen Träume, Ziele und Wünsche Wirklichkeit werden — oder auch nicht. Sie müssen sich also an dem orientieren, was wir uns vom Leben erhoffen. Die Krux: Einen Großteil unserer Entscheidungen fällen wir unbewusst. Und dabei sabotieren wir so häufig selbst. Denn viele von uns werden von der Angst getrieben, falsch zu liegen, Fehler zu machen oder zum Gespött der anderen zu werden. Zudem können grundsätzliche Entscheidungen auch bedeuten, sich von Sicherheiten oder materiellen Dingen verabschieden zu müssen. Und das tut weh — autsch! Kein Wunder also, dass wir uns auf Entscheidungsmuster verlassen, die uns in diesem schwierigen Prozess ein Gefühl der vermeintlichen Sicherheit schenken.

Entscheidungsmuster entwickeln wir übrigens bereits als Teenager. In der Pubertät nämlich spielt das menschliche Hirn verrückt. Ver-rückt im wahrsten Sinne des Wortes: Das Gehirn ist nicht mehr dort, wo wir es bei unseren Kindern normalerweise vermuten (= puberTIERend). Es veranlasst uns, alle möglichen Verhaltensweisen und Denkarten auszuprobieren. Die Reaktionen, die unser Verhalten auslöst, werden sorgfältig in unserer »Datenbank«, sprich: unserem Unterbewusstsein abgespeichert. Eltern klagen dann in aller Regel über die pubertierenden Kinder, die sich mal wieder unmöglich aufführen. Was sie meist nicht wissen: Dieser Lebensabschnitt ist prägend, wie wir uns für den Rest des Lebens entscheiden.

Denn unser Hirn speichert sorgfältig ab, was zu positiven und was zu negativen Reaktionen führt. Am Ende der Pubertät küren wir, ganz unbewusst natürlich, die erfolgreichsten Muster als »Sieger«. Sprich: An diesen Regeln orientieren wir uns ein Leben lang. Entscheidungen, die Teenager als »misslungenes Verhalten« einstufen, werden sie später im Leben kaum mehr wiederholen. Was zeigt, wie wichtig die Menschen sind, die uns in der Pubertät umgeben und Feedback auf unser Verhalten geben. Ob unser Jugendschwarm also Punk, Nerd oder Luftikus ist, kann wesentlichen Einfluss darauf haben, wie wir uns später entscheiden. Das Komplizierte daran ist, dass wir uns im Leben mit zunehmendem Alter durchaus verändern: in unserem Denken, in unserem Handeln und in unseren Wertvorstellungen. Bloß: Unseren Entscheidungsprozessen bleiben wir meist treu. Denn was bei unseren Entscheidungen abläuft, ist quasi fest in unsere Hirnwindungen eingebrannt. Dazu gehören auch Rituale, die wir zelebrieren — häufig ohne den Grund dafür zu kennen. Nun gut, wir Menschen funktionieren nun mal so.

Rituale geben Halt — und einige berühmte Menschen führten ihre Erfolge auf solche Rituale zurück. Beethoven beispielsweise zählte in der Früh exakt 60 Kaffeebohnen ab, die er für sein perfektes Morgengetränk und seine Inspiration zwingend brauchte. David Beckham, bekennender Zwangsneurotiker, kickte jeweils vor Spielbeginn die Bälle hoch in die Luft. Und ich kenne Menschen, die jeden Morgen ganz bewusst mit dem rechten Fuß aus dem Bett steigen, damit sie sprichwörtlich nicht »mit dem linken Bein aufstehen«. Klingt verrückt, aber wir Menschen ticken nun mal so. Auf ähnliche Rituale greifen wir durchaus gern zurück, wenn es um Entscheidungen geht. Ein kleines Beispiel.

! **Beispiel**

Gaby und Kurt fliegen jeden Sommer nach Griechenland. Die gleiche Insel, das gleiche Hotel, das gleiche Zimmer, das gleiche Restaurant, in dem sie bei Sonnenuntergang den gegrillten Fisch genießen. Romantisch. Herrlich. Unvergesslich. Was nicht weiter verwundert, denn es wiederholt sich ja jedes Jahr. Was passiert da nun in unserem Gehirn? Wir entscheiden uns immer gleich, weil sich diese Entscheidung früher ja als gut erwiesen hat. Entscheidungsgewohnheiten sind also vermeintliche Entscheidungsgarantien: Was das letzte Mal gut war, muss es doch auch diesmal sein.

1.7.1 Sind Entscheidungsmuster Entscheidungsgarantien?

So hoffen wir, Risiken zu vermeiden und wiegen uns auch gerne einmal in einer trügerischen Sicherheit. Denn wir vergessen dabei gern, dass langfristig durch die Wiederholung Langeweile, Monotonie und Ernüchterung vorprogrammiert sind.

Eine weitere vermeintliche Entscheidungsgarantie ist übrigens der sogenannte Herdentrieb. Freilich gibt kaum jemand zu, seine Entscheidungen an der Meinung anderer auszurichten. Die Realität sieht allerdings etwas anders aus, was die Studie einer deutschen Universität beweist: Wer sein Geld an den Finanzmärkten investiert, legt sich zuerst eine Strategie zurecht. Danach werden Titel gekauft und verkauft, die dem definierten Risikoprofil entsprechen. So funktioniert das Anlagegeschäft weltweit. Allerdings lesen Anleger regelmäßig die Finanzpresse und stoßen darin immer wieder auf Erfolgsgeschichten von Warren Buffet und Konsorten. Manchmal reicht es aber auch bereits, wenn ein Kollege mit einem gewissen Titel einen »Geniestreich« gelandet hat. Und schon folgen 80 Prozent aller Anleger der vermeintlich besser informierten Quelle, unabhängig davon, ob ihr Handeln der einst sorgfältig definierten Anlagestrategie entspricht.

So macht man an der Börse ein kleines Vermögen — indem man vorher ein großes hatte. Oder anders ausgedrückt: Das Geld ist nicht verloren — es gehört nur jemand anderem.

Warum tun wir das? Klar, weil wir gierig sind und mehr Geld an den Finanzmärkten verdienen möchten. Aber schauen wir einmal hinter die Kulisse: Wir überlassen unsere Entscheidungsfindung Mitmenschen, denen wir vertrauen (möchten).

Das ist ein gefährliches Entscheidungsmuster. Wir erinnern uns daran, dass jeder unserer Entscheide unser Leben prägt. Lassen wir uns also von Gewohnheit und anderen Menschen leiten, sind wir nicht mehr selbst-, sondern fremdbestimmt.

Wie können wir nun solche Muster und Routinen vermeiden und bewusste Entscheidungen treffen? Ganz einfach: mit Entscheidungsmustern. »Wie bitte?«, werden Sie jetzt fragen — und das zu recht. Deshalb greife ich jetzt etwas vor. Denn im Kapitel »Wegweiser zur besseren Entscheidungsfindung« gehe ich auf Muster und Rituale ein, die uns helfen, uns unserer eigenen Begrenzungen bewusst zu werden, und die uns helfen, außerhalb der üblichen Schemata zu denken. Denn die schlechte Nachricht ist: Unser Hirn ist ein Wiederholungstäter. Die gute: Es lässt sich austricksen.

Das erfordert lediglich etwas Disziplin und vor allem die Bereitschaft, das neue Entscheidungsmuster immer und immer wieder zu wiederholen, indem wir möglichst viel und häufig bewusst entscheiden.

1.8 Verzögerte Entscheidungen bringen uns ins Schwitzen

Manchmal leisten wir uns den Luxus und drücken uns vor Entscheidungen. Weil uns nicht danach ist, weil es Wichtigeres gibt, weil wir zu müde sind oder weil wir meinen, keine Zeit zu haben. Häufig sind es Kleinigkeiten, die wir meinen, vernachlässigen zu können — und die uns dann mit aller Wucht einholen. Denn anstehende Entscheidungen wollen gefällt, nicht ignoriert werden.

»Wir haben uns über die Zeit auseinandergelebt«, ist ein häufig genannter Trennungsgrund von Paaren. Was im Klartext nichts anderes heißt als: Es gab dies und das, was man hätte besprechen, regeln oder entscheiden müssen. Man vermied aber die Auseinandersetzung, die Konfrontation mit Problemen, die eine Entscheidung erfordert hätten — aus Müdigkeit, aus Unlust, aus Zeitgründen. Das ist oft durchaus nachvollziehbar. Wir alle verschieben ab und zu Entscheidungen. Gerade, wer stark ins hektische Arbeitsleben eingebunden ist, kommt um diese Erfahrung nicht herum. Wichtig ist aber, dass wir den Entscheidungsstau lösen, noch bevor alle Dämme brechen. Eine kleine Anekdote.

1 Verzögerte Entscheidungen bringen uns ins Schwitzen

Beispiel

Ich hatte eine Managementrunde in Arosa organisiert. In inspirierender, entspannter Atmosphäre sollten abseits des hektischen Büroalltags neue Ideen entstehen und diskutiert werden. Gute Idee, nicht? Kann man schließlich in jedem Management-Ratgeber nachlesen. Ungünstigerweise meinte ich, kurz vor der Abreise noch einen Zahnarzttermin dazwischenschieben zu können. Die Konsequenz war, dass mein Zeitfenster für die Anreise recht klein wurde. Also hetzte ich danach ohne Stopp zum Tagungsort, obwohl die Tankuhr meines Wagens bedrohlich gegen Null zeigte. »Wird schon gut gehen, mache ich auf der Heimreise«, dachte ich mir. Die Abfahrtszeit ins Tal plante ich für 20 Uhr ein. Zeit genug, um an einer Tankstelle in Arosa anzuhalten. Nur kam es anders, als ich dachte. Nach dem Workshop treffe ich Hinz und Kunz. Als ich ins Auto stieg, zeigt meine Uhr 22:37. Der Tankwart in Arosa genießt mittlerweile seine verdiente Nachtruhe. Was mich vor das Problem stellt, dass mein Bordcomputer noch 16 Kilometer Fahrstrecke prophezeit, während das Straßenschild 26 Kilometer bis zur nächsten Stadt anzeigt. Also rolle ich weitgehend im Leerlauf durchs Schneegestöber ins Tal, ständig bangend, ob es wohl reichen wird. Natürlich, so etwas muss nicht sein. Hätte ich mir bei der Hinfahrt nur fünf Minuten zum Tanken gegönnt, so hätte ich eine halbe Stunde meines Lebens nicht in unnötiger Angst verbracht.

Nun könnte man erwarten, dass ich aus dieser aufgeschobenen Entscheidung etwas gelernt habe. Ich will es Ihnen nicht verheimlichen: Auch der nächste Workshop in Arosa wurde zum logistischen Balanceakt. So habe ich, auf Effizienz getrimmt wie immer, meine Agenda bis auf die letzte Minute verplant. Die Abfahrt nach Arosa erfolgt minutengenau. Alles kein Problem, wäre da nicht der Nebel gewesen, der sich wie ein Leintuch über die Landschaft gelegt hatte. Ich traf verspätet und genervt zum Workshop ein, den wir eigentlich ganz bewusst in entspannter Atmosphäre hatten abhalten wollen. Und wieder, weil ich meinte, unbedingt noch dieses und jenes vorher erledigen zu müssen. Bei aller Sympathie fürs spanische »mañana, mañana«, diese Episode hat mich zwei Dinge gelehrt:
- Bei allen meinen Autofahrten rechne ich 15 Minuten Pufferzeit ein.
- Aufgeschobene Entscheidungen holen uns unweigerlich ein.

Wer sich unnötigen Ärger vom Leibe halten will, der drücke sich nicht um Entscheidungen!

1.9 Der innere Dialog als Verführer

Eine Frage vorweg: Mit wem, glauben Sie, sprechen Sie in Ihrem Leben am häufigsten? Mit Ihrem Partner, Ihren Kindern oder Ihren Arbeitskollegen? Alles falsch. Sie sprechen mit niemandem häufiger als mit sich selbst. Und das nicht, weil Sie sich selbst am liebsten zuhören oder der spannendste Geschichtenerzähler wären. Selbstgespräche gehören schlicht und einfach zu uns Menschen wie das Atmen. Mit einem kleinen Unterschied: Der Sauerstoff tut unserem Körper gut!

Die innere Stimme dagegen ist allzu häufig ein Nörgler, ein Kritiker, ein Besserwisser, der uns anhält, dieses und jenes besser zu tun oder zu lassen, der uns beschimpft und schlecht macht. Und unser »innerer Entscheider« steht mittendrin im Kreuzfeuer dieses inneren Dialogs. Was darauf hindeutet, dass das »Ich« und das »Selbst« zwei getrennte Individuen in unserem Kopf sind, die sich dauernd die Meinung sagen. Und gerne in die Quere kommen.

Aus diesem Grund arbeiten viele Sportler gezielt mit mentalem Training, um die innere Stimme zur Ordnung zu rufen und sie nicht gegen sich selbst antreten zu lassen. Eines der ersten und prominentesten Beispiele dafür war Andre Agassi, der US-Tennisspieler, der in den 1990er-Jahren mit Perücke spielte, aus Angst, seines schütteren Haarwuchses wegen verhöhnt zu werden. Als das Karriereende nahte, eine Niederlage sich an die andere reihte, entschied er sich nicht für den Rücktritt, sondern für einen Mentaltrainer. Der Erfolg war eindeutig: In der folgenden Saison trat er mit einer grundpositiven Einstellung auf dem Court an und gewann wieder Grand-Slam-Turniere.

Was das mit Ihren täglichen Entscheidungen zu tun hat? Eine Menge. Wenn sich Ihre inneren Stimmen wieder einmal harte Gefechte liefern, liegt es an Ihnen, wie Sie damit umgehen. Lassen Sie jede Stimme ausreden und wägen danach ab? Oder entscheiden Sie, was Sie hören wollen und was nicht? Diese Entscheidung kann für Ihr Wohlgefühl von größter Wichtigkeit sein.

1 Der innere Dialog als Verführer

Grundsätzlich gibt es meiner Meinung nach drei »Selbstgesprächstypen«:

- **Der Ignorant**
  Diese Menschen sind sich gar nicht bewusst, dass sie einen inneren Dialog führen. Probleme zu lösen, fällt ihnen darum besonders schwer. Kein Wunder, sie brauchen immer jemanden im Außen, einen anderen Menschen, um ihre Situation abzuwägen und Entscheidungen herbeiführen zu können.
- **Der Zauderer**
  Er weiß zwar, dass er Selbstgespräche führt, traut sich selbst aber nicht über den Weg. So macht er lieber zwei Schritte zurück als einen nach vorne. Und entscheidet so häufig nach den gleichen alten Mustern, die ihn bereits das ganze Leben begleitet haben. Damit fährt er nicht zwingend schlecht, aber auch nicht so gut, wie er könnte.
- **Der Gestalter**
  Diesem gelingt es, sich die negativen Dialoge bewusst zu machen und in positive Gedanken umzuwandeln. Nach außen sieht das oft so aus, als würde ihm alles mühelos zufliegen. Ein Glückspilz eben. Doch dabei handelt es sich einen glücklichen Zufall, sondern um bewusste mentale Arbeit.

1.9.1 Der innere Dialog als Entscheidungsmacher

Klingt alles etwas theoretisch? Eine Anekdote aus Alltag bringt es auf den Punkt.

> **Beispiel** !
>
> Wir kennen sie alle, die Momente, an denen wir unsere innere Stimme hören: »Du schaffst das nie.« Bei mir war das der Moment als kleiner Junge, als ich vor einer steilen Abfahrt stand und gefühlte 1.000 Meter in die Tiefe des Tales fahren sollte. Die anderen Jungs klatschten und johlten, forderten mich auf, zu fahren. In meinem Kopf aber hallten nur die Worte: »Du schaffst das nie. Du schaffst das nie.« Und so hoben sich meine Beine um keinen Zentimeter und blieben wie angeklebt stehen. Mit dem Resultat, dass ich an diesem Tag statt der Abfahrt den sicheren Weg in die Schihütte vorzog. Irgendwann kam

> ich dem Problem auf die Schliche und realisierte, dass ich in solchen Situationen meinen Selbstzweifeln und Versagensängsten eine (innere) Stimme gab. Selbsterfüllende Prophezeiung also. Das Problem war nicht der 180 Zentimeter lange Schi, sondern meine Nasenspitze, über die ich hinauszudenken lernen musste. »Ich kann das«, wäre darum alles gewesen, was mein Hirn hätte hören wollen. Leider kommt aber die negative Denke meinem Fahrstil heute noch entgegen.

1.9.2 Lernen Sie, Ihre Selbstgespräche zu moderieren

Das zeigt: Für gute und bessere Entscheidungen ist es enorm wichtig, dass wir lernen, unsere Selbstgespräche zu moderieren, insbesondere in Phasen der Unsicherheit und der Selbstzweifel. Denn es ist offensichtlich: Unsere Energie fließt immer dorthin, wohin wir unsere Aufmerksamkeit lenken. Richten wir den Fokus bei einer Entscheidung also auf positive Erfahrungen und Assoziationen, erhöht sich auch die Wahrscheinlichkeit eines erfreulichen Ausgangs.

Als Autor glaube ich an die Macht der Worte und habe mit meiner inneren Stimme einen Verhaltenskodex vereinbart:

Sprich im Jetzt
Wir leben im Hier und Jetzt. Darum führe ich meinen inneren Dialog auch so. Vermeiden Sie alle Sätze mit »wenn«, »aber«, »könnte« und »sollte«. Das sind sowieso Wörter, die eigentlich aus dem täglichen Wortgebrauch gestrichen gehören. Denn sie haben vermutlich bis heute noch kein einziges Problem gelöst und schon gar niemanden glücklich gemacht.

Sei positiv
Vermeide Verneinungen. Die versteht unser Hirn sowieso nicht. Wer »ich will nie mehr arm sein« sagt, gibt seinem Hirn nur Futter, alles über Armut abzurufen, das es je gehört hat. Es registriert: »arm sein«. Darum korrigiere ich meine innere Stimme stets auf positive Formulierungen: »Ich kann das.« Wer es schafft, »ich muss« durch »ich will« zu ersetzen, gewinnt 50 Prozent der eigenen Handlungsfähigkeit zurück.

Sei klar und freundlich
Auch wenn Sie Politiker sind: Bemühen Sie sich in Ihrem inneren Dialog um klare Worte. Artikulieren Sie unumwunden, welchen Ausgang einer Entscheidung Sie sich wünschen. Und vor allem: Bitte immer recht freundlich. Seien Sie respektvoll und freundlich mit sich, auch wenn Sie mal falsch entscheiden. Kritisieren Sie sich nicht messerscharf und falls Ihre innere Stimme bislang ein Nörgler war, wird es höchste Zeit, ihr neue Manieren beizubringen.

Halten Sie es doch wie Oscar Wilde. Der Bonvivant hielt Selbstgespräche für das größte Vergnügen, das ihm seine Zeit bot. Dass er gar nicht so falsch lag, beweisen übrigens auch die Wissenschaftler heute. So zeigte die George Mason University in Virginia (USA) mit einer Studie, dass Kinder Probleme deutlich schneller und besser lösen, wenn sie Selbstgespräche führen, erst recht, wenn diese mit positiven Inhalten verknüpft werden. Motivation genug, es auch zu tun? Solange Sie in Selbstgesprächen nichts Neues über sich selbst erfahren, ist es vollkommen unbedenklich. Probieren Sie es doch einfach mal aus.

1.10 Fehlentscheidungen leicht gemacht in drei einfachen Schritten

Was zerpflücken wir uns nicht selbst, wenn wir uns wieder einmal falsch entschieden haben. Unerbittlich hacken wir auf unser Ego ein, bis nur noch die vorübergehende Kapitulation bleibt. Unsere Psyche meldet: Game over. Manche gönnen sich darauf ein Bad im Selbstmitleid, andere wiederum suchen Versöhnung. Sport, Shopping, legale oder illegale Substanzen sollen für Ablenkung sorgen. Doch Hand aufs Herz: Die beste Medizin gegen diesen Blues sind Fehlentscheidungen — von anderen.

Denken Sie nur an den Kurator des Museums of Modern Art in New York, der 1956 die Schenkung von Andy Warhol dankend ablehnte und den Künstler bat, sein Werk »Shoe« doch bitte wieder abzuholen. Na, fühlen Sie sich nicht schon etwas besser?

Oder stellen Sie sich vor, dass eine unbekannte britische Sozialhilfeempfängerin einst ihr Buch an Verlage und Agenten sandte und von allen eine Absage erhielt. »Das Buch ist zu lang, nicht kommerziell genug und schon gar nicht politisch korrekt.« Nun ja, ein Verlag erbarmte sich ihrer dann doch. Und so wurde Joanne K. Rowling mit ihren Harry-Potter-Büchern weltbekannt und hat bereits mehr als eine Milliarde US-Dollar verdient. Der Verleger, der das Manuskript abgelehnt hat, möchten Sie nicht sein, oder?

Oder ein Hersteller eines Getränkes, das angeblich Flügel verleiht, suchte »Start-up«-Kapitalgeber und bot seinem Abfüller und seiner Hausbank Anteile an. Diese lehnten ab — eine Fehlentscheidung, die sie die Beteiligung an einer unvergleichlichen Erfolgsgeschichte gekostet hat.

Keine Frage: Schadenfreude hilft, unsere Fehlentscheidungen zu relativieren — und uns selbst zu verzeihen. Präventiv aber taugt auch sie nichts. Und so sind unsere Lebenswege mit vermeintlichen Fehleinschätzungen gepflastert. Sich falsch zu entscheiden, scheint denn auch wesentlich wahrscheinlicher zu sein, als die richtige Wahl zu treffen.

Es stimmt, falsche Entscheidungen sind ärgerlich. Noch ärgerlicher aber ist es, wenn man nichts draus lernt und sich immer wieder aufs Neue die gleichen Vorwürfe machen muss. Darum habe ich mir einen Leitfaden der etwas anderen Art aufgestellt, der so lächerlich ist, dass er mich bei meinen Entscheidungen immer wieder daran erinnern soll, was genau zu vermeiden ist. Darf ich vorstellen: Mein Leitfaden, der Sie schnurstracks in die Arme der nächsten Fehlentscheidung treiben wird, wenn Sie ihn strikt befolgen.

1.10.1 Erstens: Seien Sie mutlos

Unseren Kurator und die britischen Verlagshäuser verbindet eines: fehlender Mut und ein Mangel an Risikobereitschaft im richtigen Moment. Die Angst, einen Fehler zu begehen, von Vorgesetzten zur Schnecke gemacht zu werden, war offensichtlich größer als die Aussicht auf Erfolg. Was vielleicht ja auch mit der Geisteshaltung unserer mitteleuropäischen Gesellschaft zu tun hat. Wir sehnen uns nach Sicherheit. Und wollen nur ja nichts riskieren. So sind wir zu wahren Versicherungsfetischisten geworden.

Wir versichern uns gegen alle und alles, am liebsten gleich doppelt. Und schenken uns mit jeder Versicherungspolice das gute Gefühl, dass uns jetzt nichts mehr passieren kann. Das alleine ist schon ein Irrglaube. In unserem Hirn passiert aber gleich noch etwas: Es entsteht eine defensive Haltung, die uns mehr und mehr untätig verharren und jede Risikobereitschaft vermeiden lässt. Dabei würde ein kleiner Zwischengedanken genügen, uns zur Vernunft zu rufen: Was ist das Schlimmste, das passieren kann, wenn ich mich beispielsweise im Kino für Film A statt für Film B entscheide? Und rechtfertigt das die Konsequenz, dass ich mich fünf Minuten lang mit der Entscheidung quäle, bis ich mich zwischen diesen beiden Filmen entschieden habe?

Wer es sich darum mal wieder so richtig schwer machen will, geht auf Nummer sicher, wiegt alle Optionen endlos ab, schreibt seitenweise Plus-Minus-Listen und entscheidet sich dann für die gängigste und vermeintlich sicherste Lösung. Das Resultat: hundertprozentige Unsicherheit, ob man sich nun auch wirklich richtig entschieden hat. Funktioniert immer. Lassen Sie doch Befürchtungen einfach eintreten. Denn eines ist sicher: Erstens kommt es anders und zweitens als man denkt.

1.10.2 Zweitens: Vertrauen Sie sich blind

Wir Menschen besitzen ein großes Talent, uns selbst hinters Licht zu führen. Denn wir suchen immer nur nach einem: der Bestätigung unserer eigenen Meinung. Beobachten Sie sich selbst: Die Zeitungsartikel, die Ihre Einstellungen zu einem Thema nicht stützen, werden Sie lesen — und gepflegt ignorieren. Stoßen Sie jedoch auf eine Mitteilung, die Ihren Standpunkt bestätigt, wird diese begeistert in Umlauf gebracht: »Seht her, ich hab's ja schon immer gesagt!«, werden wir dann stolz in die Diskussionsrunde werfen — und die News in den einschlägigen Social-Media-Kanälen verteilen. Ob wir wollen oder nicht, diesem Mechanismus der gesuchten Bestätigung unserer eigenen Weltsicht unterliegen wir alle. Gerade, wenn wir bei Entscheidungsprozessen das Für und Wider abwägen.

Und so kommt es, wie es kommen muss: Unsere vorgefertigten Meinungen lassen uns scheinbar objektive Zahlen und Tatsachen genau so interpretieren, wie wir sie haben wollen. Selbst wenn sich der eine oder andere Zweifel meldet. Das wischen wir gerne vom Tisch. Resultat: Wir wiederholen Fehler — und wundern uns, warum uns das immer wieder passiert. Ganz einfach: Weil wir uns selbst blind vertrauen. Denn Argumente zu sammeln, die beweisen, dass wir uns irren, erfordert einen offenen Geist. Aber nur der hilft, wenn wir uns vor Fehlentscheidungen wappnen wollen. Darum: Ignorieren Sie gelassen andere Sichtweisen, die in Ihnen ein gewisses Unbehagen auslösen, und Sie erhöhen die Chance auf eine Fehlentscheidung um ein Vielfaches.

1.10.3 Drittens: Machen Sie immer alles richtig

Wer alles richtig macht und sich immer richtig entscheidet, macht den größten Fehler seines Lebens. Klingt irrwitzig, ist rein hypothetisch (weil niemand ohne Fehler durchs Leben kommt) — und macht trotzdem Sinn. Denn erst Fehler zwingen uns, zu lernen, zu interpretieren — und Dinge zu entdecken, die wir sonst nie im Blick gehabt hätten. Nicht wenige Erfindungen wurden erst durch Fehler möglich: Die Mikrowelle ist ein klassisches Beispiel dafür. Rein zufällig schmolz die Schokolade in der Brusttasche — wer trägt eine solche schon an dieser Stelle — des amerikanischen Ingenieurs Percy Spencer, während er an der Verbesserung der neuesten Radargeräte arbeitete.

Mich hat diese Geschichte gelehrt, Entscheidungen unverkrampfter zu fällen — und gar nicht mehr immer alles richtig machen zu wollen. Denn wer weiß, vielleicht führt meine nächste Fehlentscheidung ja zu einer völlig neuen Erkenntnis und zu dadurch zum Erfolg. Falls nicht, habe ich immerhin eine Chance kreiert, etwas Neues zu lernen. Unfehlbar zu sein, scheint mir in diesem Licht recht überbewertet.

2 20.0000 Entscheidungen täglich

Der ganz normale Wahnsinn

2.1	Die Multiple-Choice-Gesellschaft	54
2.2	Die tägliche Ohnmacht	57
2.3	Entscheidungsneid	60
2.4	Schlaf, Entscheider, schlaf	62
2.5	Der ganz gewöhnliche Entscheidungsstau	67
2.6	Kaufentscheide – und wie sie uns austricksen	72
2.7	Nein denken und Ja sagen	77
2.8	Die großen Lebensentscheidungen oder warum Diäten und Vorsätze scheitern	82
2.9	Die Routine der Entscheidung	87
2.10	Sternzeichen der Entscheider	89

2.1 Die Multiple-Choice-Gesellschaft

»Unmöglich«, denken Sie? »20.000 Entscheidungen täglich zu treffen, übersteigt schlicht unsere Kapazität.« Zugegeben, bei manchen mag das so sein. Ich habe nie gezählt, ob es tatsächlich 20.000 sind. Da wir aber den überwiegenden Teil aller Entscheidungen implizit, also unbewusst, und nicht explizit fällen, müssen wir diese Zahl nicht weiter fürchten. Aber überlegen Sie nur: Sie haben sich soeben entschieden, diese Zeilen zu lesen. Bis Sie ans Ende dieses Kapitels gelangen, werden rund fünf Minuten Ihrer wertvollen Zeit verstrichen sein. Natürlich ehrt mich Ihre Aufmerksamkeit, weshalb ich versuche, Sie mit ein paar spannenden Geschichten und »Brain Teasers« zu unterhalten. Andererseits könnten Sie in dieser Zeit auch

- SMS und WhatsApp-Nachrichten checken (45 Sekunden),
- neue Feeds auf Ihrer Facebook-Seite ansehen (3 Minuten),
- ein Bier aus dem Kühlschrank holen (1 Minute),
- einen Ferienantrag schreiben (2 Minuten),
- sich entscheiden, mit dem Rauchen aufzuhören (1 Minute),
- das Buch zur Seite legen (5 Sekunden).

In den letzten 15 Sekunden haben Sie bewusst sechs Entscheidungen, teilweise wegweisende, getroffen. Nämlich all diese Dinge nicht zu tun und weiterzulesen. Ich atme durch und fahre fort: Die meisten Entscheidungen fällen wir unbewusst — und sie sind komplett banal, sprich: Sie verändern unser Leben kaum. Die Entscheidung, am Morgen fünf Minuten länger im Bett liegen zu bleiben, führt höchstens dazu, dass Ihnen die Zeit für eine Tasse Kaffee fehlen könnte. Halb so wild, die gönnen Sie sich dann auf dem Weg zur Arbeit. Trotzdem zermartern wir uns unser Hirn gerade mit Kleinigkeiten und schlagen dabei den Rat eines großen Denkers schnöde in den Wind.

Wer gar zu viel bedenkt, wird wenig leisten.
Friedrich Schiller

Heute sind sich eigentlich alle einig: Die rasant wachsende Auswahl an Dingen und Möglichkeiten überfordern uns Menschen, weshalb wir immer häufiger auf die imaginäre Pausentaste drücken und Entscheidungen hinausschieben. Mit dem Resultat, dass es uns nicht nur zunehmend schwerer

2 Die Multiple-Choice-Gesellschaft

fällt, uns täglich zu entscheiden. Eine wahre Unlust überkommt uns, wenn wir es mal wieder tun müssten. Schade eigentlich. Denn Wissenschaftler haben herausgefunden:
- Entscheiden macht glücklich.
- Grübeln macht unglücklich.
- Kopfzerbrechen macht krank.

Wer sich übermäßig den Kopf zerbricht und bei seinen Entscheidungen alles zu kontrollieren versucht, leidet häufiger an Depressionen, Essstörungen oder am Burnout-Syndrom. Ist es Zufall, dass in unserer Multiple-Choice-Gesellschaft diese Krankheiten immer öfter diagnostiziert werden?

Soll ich's wirklich machen oder lass ich's lieber sein? Jein.
Fettes Brot

Wir alle kennen sie: die Unentschlossenheit. Bei anderen nervt sie endlos, uns dagegen beruhigen wir mit guten Ratschlägen: »Nimm dir die Zeit, die du brauchst.« Wie der Titel schon sagt, will mein Buch helfen, eine neue Lust am Entscheiden zu wecken. Die Pragmatiker unter Ihnen werden jetzt zum Kapitel »Wegweiser zur besseren Entscheidungsfindung« vorblättern und sich den Wegweiser zur lustvollen Entscheidungsfindung vorknöpfen. Wirklich helfen wird der Ihnen aber nur, wenn Sie sich all der Stolperfallen, Selbstsabotagen und Illusionen, die uns alle behindern, wirklich bewusst sind. Ich verspreche, mich kurz zu halten. Die Lektüre dieses Kapitels dauert denn auch nur noch 2 Minuten. Und auch die folgenden Kapitel werden sich lohnen.

2.1.1 Pilot oder Anwalt — alles eine Frage der Entscheidung

Was uns bei unseren täglichen 20.000 Entscheidungen bewusst sein sollte: Grundsätzlich hat nichts eine Bedeutung. Ein Apfel ist weder gut noch böse, schließlich hat er uns nichts getan — es sei denn, wir heißen Adam oder Eva und haben am Anfang der Zeit gelebt. Ob uns Äpfel schmecken oder nicht, hat lediglich mit unseren Erfahrungen zu tun. Darum lieben sie manche, andere wiederum nicht. Wie wir uns entscheiden, wie wir Situationen einschätzen, hat also vorwiegend mit unseren Erfahrungswerten zu tun, also wie uns unser erster Apfel bekam.

Sagenhafte 11,2 Millionen Bits an Informationsfetzen kann unser Unterbewusstsein registrieren. Dagegen kommt unser Bewusstsein bereits mit 60 Bits an seine Grenze. Was erklärt, weshalb wir bei einer Veranstaltung mit Hunderten von Menschen einer Konversation folgen können und dennoch unseren Namen hören, wenn er am anderen Ende des Raums in einem Gespräch erwähnt wird. Unser Hirn filtert also alles Unwichtige aus — bis es für uns eine Bedeutung bekommt. Darum steckt eine zentrale Erkenntnis in diesem Satz: »Grundsätzlich hat nichts eine Bedeutung.« Erst unsere Erfahrungen verleihen ihr eine. Stellen Sie sich vor: Ein junger Mann will Gutes tun, sich in den Dienst der Gemeinschaft stellen und Menschen retten. Was den einen Rettungshelikopterpilot werden lässt, verschlägt den anderen in eine Anwaltskanzlei mit Schwerpunkt Sexualverbrechen. Beide wollen den Menschen helfen — nur jeweils von einer anderen Seite Alles eine Frage der Perspektive.

Wie wir unsere 20.000 Entscheidungen fällen, hat also außerdem sehr viel damit zu tun, wie gut wir uns kennen, wie authentisch und ehrlich wir mit uns selbst leben. Konkret heißt das: Versuchen wir, ein gewisses Bild vorzutäuschen, das nicht wirklich unserer Persönlichkeit entspricht, kann uns das ganz schön in die Bredouille bringen — und uns innere Konflikte mit Explosionspotenzial bescheren. Insbesondere, wenn bei Entscheidungen noch Zeitdruck dazukommt. Denn dann gewinnt (fast) immer das Unterbewusstsein, was dann und wann selbst sorgfältig gepflegte Fassaden zum Einstürzen bringen kann. Das sind häufig die Momente, in denen wir Mitmenschen der Wankelmütigkeit oder der Illoyalität bezichtigen. Aber nach dieser fünfminütigen Lektüre wissen Sie ja jetzt: Urteilen Sie nicht zu hart, denn nichts hat eine Bedeutung — außer wir geben ihr eine. Lernen Sie Menschen schätzen, die ihr wahres Ich zeigen.

2.2 Die tägliche Ohnmacht

»Es werde Licht. Und es ward Licht!«, zitieren wir noch heute die Bibel. Das spannende an diesem Zitat: Es zeigt beispielhaft die direkte Wechselwirkung zwischen Schritt 1: Entscheidung und Schritt 2: Auswirkung. Jede Entscheidung verändert unsere Gegenwart und lenkt unsere Zukunft in eine ganz bestimmte Bahn. Ob wir wollen oder nicht. Diese Tatsache ist leicht zu verstehen, wird jedoch häufig vergessen. Übertragen auf unsere Multiple-Choice-Gesellschaft heißt das:

Bevor wir uns entscheiden, egal wofür, stehen uns Hunderte von Türen offen. Meist hübsch bemalt und nicht selten mit raffinierten Werbebotschaften rufen sie uns sirenenhaft zu: »Wähle mich, wähle mich!« Kaum aber entscheiden wir uns für eine Türe, die den Weg zum Glück verspricht, fallen alle anderen vor unserer Nase unerbittlich und mit ohrenbetäubendem Lärm ins Schloss.

Ich frage mich darum: Ist es wirklich das Überangebot an Optionen, das das Entscheiden heute so schwer macht? Oder die Ohnmacht, uns mit jeder Entscheidung um so viele verlockende Alternativen zu bringen? Immer häufiger beobachte ich das schizophrene Phänomen, dass wir zwar A sagen, von B bis Z aber nichts verpassen wollen. Gürtel und Hosenträger sind unbequem, nicht notwendig, weder modern noch optisch attraktiv, geben aber doppelten Halt (= Sicherheit).

Nicht dass Sie glauben, ich sei dagegen immun. Wann immer ich in einer Zeitung oder Zeitschrift einen Artikel finde, der mir lesenswert erscheint, zu dessen Lektüre mir jedoch gerade die Zeit fehlt (was meistens der Fall ist), landet der Ausschnitt in meinem Büro auf dem Stapel »Noch zu lesen«. Selbstredend, dass dieser Stapel über die Monate wächst, ohne wirklich abgearbeitet zu werden. Bis mich dann alle Jahre wieder der heilige Zorn packt und ich mein Büro ausmiste. In aller Regel ist das der Moment, in dem ich die gesammelten Artikel wieder in den Händen halte, mir das Kinn reibe und denke: »Hm, spannend, sollte man wirklich mal lesen ...«

2.2.1 Guter Rat — Entscheidungsvorrat?

Eine Lappalie, nicht weiter schlimm, denken Sie. Weit gefehlt. Denn dahinter steckt eine Taktik, nein, ein Sabotageakt, der uns unterläuft, wenn wir uns mit dem Überfluss an Auswahlmöglichkeiten konfrontiert sehen. Denn: Wir spielen nur allzu gerne auf Zeit oder treffen Entscheidungen auf Vorrat. Schauen wir einmal genauer, was bei meiner Artikelsammelwut wirklich passiert — und ich verspreche, ich gehe dabei hart mit mir ins Gericht.

Das Verhalten mit meinem »Noch zu lesen«-Stapel ist reine Inkonsequenz des Entscheidens: Weil die Lektüre im Moment keine Relevanz hat — sonst würde ich den Artikel ja lesen —, vertage ich sie, denn ich will ja nichts verpassen. »Eines Tages könnte es hilfreich sein«, rechtfertige ich mein Handeln. Alles, was ich mir damit aber beschere, ist Unmut, Unruhe und Unbehagen. Nicht weniger löst der Blick auf die ungelesenen Zeitungsausschnitte aus, wann immer ich sie in meinem Büro erblicke (was praktisch täglich der Fall ist).

Mit meiner Entscheidung »Das sollte ich mal lesen« halse ich mir freiwillig ein Problem auf, das zuvor gar nicht existiert hat. Werfe ich die Artikel dagegen ins Altpapier (sie haben ja im Moment keine Relevanz), entscheide ich nicht nur konsequent, ich erspare mir damit gleichzeitig das Gefühl der überbordenden Arbeitsflut.

> **!** **Wichtig**
>
> Entscheidungen auf Morgen zu verschieben, hat nichts mit Zukunftsorientierung zu tun.

Auf Vorrat zu entscheiden und sich damit alle Optionen offen zu halten, mag auf den ersten Blick ein probates Mittel gegen die erdrückende Auswahl sein. In Wirklichkeit aber verstärkt es lediglich das Gefühl der Ohnmacht gegenüber der Tatsache, sich ständig entscheiden zu müssen. Kumulieren die Nicht-Entscheide, kann es zu einem regelrechten Entscheidungsstau kommen. Wir vermeiden zunehmend, Entscheidungen zu treffen. Wissenschaftler haben dafür übrigens eine neue Bezeichnung gefunden: Entscheidungsmüdigkeit.

2.2.2 Die Rezeptur gegen Entscheidungsmüdigkeit

Die Qual der Auswahl lässt sich in unserem Alltag nicht reduzieren, eine Stopp-Taste gibt es (leider) nicht. Wie also ist der drohenden Überforderung angesichts der ständigen Entscheidungssituationen beizukommen? Ich habe für mich drei einfache Faustregeln entwickelt.

Mut zur Lücke — und Ignoranz
Es ist empirisch erwiesen: Was wir nicht innerhalb von 72 Stunden erledigen, sondern auf die lange Bank schieben, werden wir mit größter Wahrscheinlichkeit nie wirklich und richtig beenden. Wer also ehrlich ist und gleich eliminiert, was er in den nächsten 72 Stunden nicht gebacken kriegt, belohnt sich mit Luft und Freiheit, wodurch sich wiederum Entscheidungen besser fällen lassen. Heute werfe ich darum spannende Artikel eher ins Altpapier und habe für den Stapel auf meinem Pult nur ein mildes Lächeln übrig.

Energie sparen — geht auch beim Entscheiden
Ein ganz gewöhnlicher Morgen. Ich stehe vor dem Kleiderschrank: blaues Hemd, weißes Hemd? Ich stehe in der Küche: Brot oder Müesli? Ich gerate in einen Stau: umfahren oder aussitzen? Unser Alltag ist gepflastert mit Entscheidungen, die nicht wirklich relevant sind, aber viel Energie rauben. Wer sich dessen bewusst ist, konzentriert seine »Brain Power« auf Entscheidungen, die wesentlich sind. Und lässt bei allem anderen auch mal den Zufall — oder eine Münze entscheiden. Das alleine kann äußerst befreiend wirken. Probieren Sie es ruhig mal aus — selbst wenn Ihre innere Stimme rebelliert und meint, immer das letzte Wort haben zu müssen.

Seien Sie Optimist — auch wenn das Glas halbleer ist
Gefühlte 95 Prozent aller Dinge, vor denen wir uns fürchten, treten nie ein. Ich will Sie jetzt nicht zum Leichtsinn verführen, aber ein Fehler, den wir alle gerne machen: Wir wollen uns vor allem schützen. Wir denken, je mehr Informationen wir zu einer Entscheidung sammeln, umso weniger wird schiefgehen. Was aber wirklich passiert: Die Informationsflut überfordert uns bis zur Verwirrung — weshalb wir Entscheidungen laufend vertagen. Das Resultat: Entscheidungsunfähigkeit — pardon: Entscheidungsmüdigkeit, wie das neuerdings genannt wird.

Darum vermeide ich, was ich Entscheidungsperfektionismus nenne. Also immer alles richtig und perfekt machen zu wollen. Was Ihnen dabei helfen mag, ist eine Tatsache aus der Industrie. Entscheidungen für oder gegen Produktionsanlagen, die nun wahrlich keine Designobjekte sind, und für deren Kauf rein sachliche Argumente den Ausschlag geben müssten, werden in Wahrheit überwiegend emotional getroffen. Sprich: Selbst bei rein sachlichen Entscheidungen ist das Bauchgefühl das Zünglein an der Waage. Dahinter steckt ein gutes Stück Optimismus, dass es schon gut gehen wird. Dieses Grundgefühl ist die beste »Medizin« gegen Entscheidungsmüdigkeit.

2.3 Entscheidungsneid

Man weiß und kennt es: Menschen sind neidisch. Auf das größere Haus, den attraktiveren Partner, die Ferienreisen, sogar das Geschlechtsteil. Ach, die Liste ist endlos, die Menschen, grün, gelb oder blass vor Neid werden lässt. Schon Immanuel Kant und Sigmund Freud waren überzeugt, dass Neid ein fester Bestandteil der menschlichen Psyche sei. Konstruktiv genutzt könne Neid dem Menschen ihrer Meinung nach zu einem realistischeren Selbstbild verhelfen — und dazu, seine Ziele zu erreichen. Wenn Neid allerdings unsere Entscheidungen beeinflusst, wir uns dessen aber gar nicht bewusst sind, kommt es, wie es kommen muss: Wir tun Dinge nicht, weil sie für uns gut sind, sondern weil sie anderen schaden.

Ein Experiment soll das verdeutlichen. Stellen Sie sich vor, Sie haben die Wahl:
1. Sie haben ein Jahreseinkommen von 100.000 Euro. Ihre Freunde verdienen 50.000 Euro.
2. Sie verdienen 200.000 Euro im Jahr, während Ihr Umfeld jedes Jahr 300.000 Euro nach Hause trägt.

Wofür entscheiden Sie sich, in welcher Welt möchten Sie leben? Und seien Sie dabei ehrlich mit sich selbst. Das Resultat einer Studie, die genau das untersuchte, war: Eine überwiegende Mehrheit entschied sich für die erste Option. Also lieber mehr als die anderen besitzen, auch wenn das heißt, für sich selbst weniger zu haben.

2 Entscheidungsneid

Da sieht man, wie relativ alles im Leben ist. Denn dieser Entscheidungsneid ist stark verbreitet, wird aber selten so benannt. Schließlich gesteht man sich diese unrühmliche Motivation nur höchst ungern ein, lässt sie einen doch klein und kleinlich erscheinen. Was uns aber dennoch nicht daran hindert, genau so Entscheidungen zu fällen. Gerade im Beruf ist das Alltag: Es wird entschieden, nicht weil es das Beste für die Sache ist, sondern weil

- es einem ungeliebten Kollegen schadet,
- sich so Alliierte gewinnen lassen oder
- so das von langer Hand geplante Karriereziel zu erreichen ist.

Wer sich dazwischenzustellen wagt, wird, je nach Talent und Können der Entscheidungsneider, offen oder verdeckt gemobbt. Ganz geschickte Prachtexemplare dieser Gattung bringen dabei eine Gruppendynamik in Gang, die ihnen laufend in die Hände spielt. Weshalb ich für Neid eine neue Übersetzung gefunden habe:

> Noch
> eine/r
> ist
> dagegen

Moral und Ungerechtigkeit haben eben ihren Preis.

2.3.1 Wir entscheiden mehr als wir denken

Entscheidungsneid ist aber nicht nur aufs Berufsleben beschränkt. Neid auf die bessere Figur einer Bekannten kann dazu führen, dass eine Einladung boykottiert wird, da man dieser Person unbewusst kein erfolgreiches Fest gönnen mag, selbst wenn man eigentlich gerne hingegangen wäre. Oder Mann kauft sich ein größeres Auto, weil er dem Kollegen die Freude am Erwerb eines neuen fahrbaren Untersatzes nicht gönnen mag — ohne sich dessen bewusst zu sein. Was meine These bestätigt: Wir entscheiden mehr als wir denken. Und ohne es zu merken, fällen wir mit konkreten Taten Entscheidungen, derer wir uns gar nicht bewusst sind.

Wer dem Entscheidungsneid beikommen will, hat einiges vor. Denn das geht nur über Bewusstmachung. Warum entscheide ich wie? Nützt es mir? Warum macht mich eine Entscheidung nicht zufrieden, geschweige denn glücklich? Warum fühle ich mich genervt, reagiere dünnhäutig, bemitleide ich mich, vergleiche ich mich mit anderen? Alles Indizien, dass sich Neid in Hirn und Herz eingenistet hat. Statt es zu leugnen, ist der erste Schritt, dies zu akzeptieren — und als Ansporn zu verstehen, mehr aus sich und der Situation zu machen.

> *Mitleid bekommt man geschenkt, Neid muss man sich verdienen.*
> Robert Lembke

Es lohnt sich darum, sich darüber klar zu werden, was man selbst kann, was man zu bieten hat — und dankbar dafür zu sein, was man selbst erreicht hat. Nur wer mit sich selbst im Reinen ist, braucht andere nicht zu beneiden, sondern ist wirklich und nachhaltig glücklich. Denn Zufriedenheit ist weder von Talenten noch von materiellem Besitz abhängig, sondern in erster Linie von der eigenen Einstellung.

Was ich für mich gelernt habe: Um Entscheidungsneid erst gar nicht aufkommen zu lassen, bringe ich größere und kleinere Lebensziele zu Papier — und krame sie bei wichtigen Entscheidungen als »Kompass« hervor. Denn das schließt kurzfristige »Neidströmungen« weitgehend aus. Versuchen Sie es mal. Schon die Vorstellung, sich seine Wünsche und Ziele wieder einmal vor Augen zu führen, kann ein Glücksgefühl auslösen. Schön, oder?

2.4 Schlaf, Entscheider, schlaf

Wenn Sie eine Entscheidung treffen, sieht das in der Regel so aus: Sie versuchen, sich die Konsequenzen auszumalen, wägen die Pros und Kontras ab und entscheiden sich schließlich für das, was Ihnen den positivsten Ausgang verspricht. Ist ja klar. Nicht ganz, denn etwas Entscheidendes werden Sie dabei meist vernachlässigen: nämlich, wie es Ihnen gerade geht.

»Schlafe mal drüber«, ist ein Rat, der immer wieder zu hören ist. Wie richtig die Ratgeber damit liegen, ist wahrscheinlich nicht mal ihnen selbst bekannt. Oder wussten Sie, dass 17 Stunden Wachsein unser Reaktionsvermögen genauso einschränkt wie 0,5 Promille Alkohol? Gönnen wir uns zwei Wochen lang jede Nacht nur sechs Stunden Schlaf, torkeln wir wie mit 1,0 Promille Alkohol im Blut durchs Leben. Verminderte Reaktionszeit und schlappe Konzentrationsfähigkeit sind die Folgen. Das ist auch der Grund, weshalb manche Berufe eine strikte Arbeitszeitregulierung kennen. Piloten beispielsweise oder Lkw-Fahrer. Denn sinkt ihre Konzentration, wird's für andere gefährlich.

Eigentlich sollte das auch für Manager gelten, doch in unserer Gesellschaft sind die Kurzschläfer zu Helden der Wirtschaft geworden. Diese »Schlaf-Machos« spielen sich mit ihren Kurzeinsätzen im Bett nur zu gerne auf und trompeten es laut ins Land: »Wer lange schläft, ist ein Schlappschwanz.« Nun, in Breitengraden, wo reichlich Schlaf als Beleg für Faulheit interpretiert wird, fallen diese Worte natürlich auf fruchtbaren Boden — und finden entsprechend viele Nachahmer. Schließlich kann man sich ja mit einem Tässchen Kaffee wunderbar wach halten. Vermeintlich. Denn so schnell der Koffein-Effekt eintritt, so schnell kippt die Wirkung ins Gegenteil. Weshalb wir bei langen Nachteinsätzen im Büro zunehmend mehr Kaffee brauchen — und am nächsten Morgen noch schlechter aus den Federn kommen.

In einer Zeit, die von uns allen immer mehr Effizienz fordert, ist es wenig überraschend, dass unsere Gesellschaft immer weniger schläft. Mehr Stress, mehr Verkehr, mehr Unterhaltung tun das Ihre dazu. Und selbst wenn wir endlich im Bett liegen, schieben wir das Lichterlöschen mit all unseren Tablets und Smartphones um Stunden hinaus. Was also ist richtig?

Mehr als vier Stunden Schlaf heißt, das Leben zu verschwenden.
Roger Herger (Schweizer Chemiker)

oder

Der Schlaf ist für den Menschen, was das Aufziehen für die Uhr.
Arthur Schopenhauer

Wer hat recht, Roger Herger oder Arthur Schopenhauer? Überraschenderweise scheint der Philosoph aus dem 18. Jahrhundert die Situation besser einzuschätzen — will man den Schlafforschern glauben. Wer ihre Werke liest, merkt schnell: Kurzschläfer sind ein Mythos. Nur gerade ein bis zwei Prozent halten vier bis fünf Stunden Schlaf langfristig wirklich aus. Alle anderen betreiben Raubbau an ihrer Gesundheit und leiden früher oder später an Symptomen wie Übergewicht, schlecht funktionierendes Immunsystem, erhöhte Blutzuckerwerte oder Depressionen.

2.4.1 Wer zu wenig schläft, handelt wie ein Schurke

Schlafmangel wirkt sich aber auch unmittelbar auf unser Gehirn und unsere Fähigkeit, klar zu denken, aus. So reagieren wir bei Schlafmangel nicht nur langsamer, auch unser Erinnerungsvermögen nimmt ab. Sprich: Wir beziehen in diesem Zustand immer weniger Kontext in die Entscheidungsfindung ein. Zudem werden uns Dinge gleichgültiger, als sie es uns in ausgeschlafenem Zustand wären. Die Folge: Wir entscheiden leichtfertiger, verantwortungsloser oder gar unethischer.

Mal ganz abgesehen davon: Unausgeschlafen sind wir mürrischer und grantiger. Was seine Wirkung auf unsere Umwelt nicht verfehlt. Auch diese Reaktionen auf unsere Person können die Entscheidungsfindung stark beeinflussen, tendieren wir doch schnell mal zu Trotzreaktionen. Was uns allen zeigt, warum ausgeschlafene Entscheidungen meist besser sind.

Als frischgebackener Familienvater mit unzähligen schlaflosen Nächten weiß man(n), wieso es Muttertag und Vaternacht heißt. Mit serienmäßig tiefer liegenden Augen schleppt man sich ins Büro und soll so tun, als ob nichts wäre, man kämpft mit dem Schlaf — und meistens verliert man dabei. Da kommen einem doch die guten Sprüche wie »Lieber acht Stunden Arbeit als gar kein Schlaf« natürlich gelegen — wenngleich das nur für Beamte gelten soll.

Aber nicht nur Schlafmangel schmälert unsere Entscheidungskompetenz. Schon einmal eine Entscheidung unter Einfluss von Heißhunger getroffen?

2.4.2 Appetit auf ein paar Fehlentscheidungen?

Ob Sie vor oder nach dem Mittagessen eine Entscheidung treffen, kann ganz unterschiedliche Auswirkungen haben. Denn unser Blutzuckerspiegel manipuliert uns auf ganz fiese Art und Weise. Wir alle kennen den Effekt: Wir gehen mit leichtem Appetit Lebensmittel einkaufen — und tragen in der Tüte Artikel zum Auto, die weder auf dem Einkaufszettel standen noch unserem gewohnten »Beuteschema« entsprechen. Wenn Sie sich in Zukunft nicht mehr so leicht von Ihrem eigenen Körper manipulieren lassen wollen, werfen Sie doch einmal einen kurzen Blick in die Abteilung Biologie.

Wenn der Blutzuckerspiegel niedrig ist, wir also hungrig sind, treffen wir Entscheidungen, die auf kurzfristigen Erfolg oder unmittelbare Belohnung abzielen. Oder andres gesagt: Eine schnelle Lösung muss her. Sind wir dagegen satt und der Insulinpegel hoch, nehmen wir es gemütlicher. Wir lassen uns auf gründliche Analysen ein, sind geduldig und bestechen durch Weitsicht und Abgeklärtheit. Das Resultat sind zufriedenstellende Entscheidungen. Macht alles Sinn, schließlich ist das Entscheiden ein energieraubender Akt für unser Gehirn. Dieses braucht also Futter, um gut zu funktionieren. Nur, daran denken wir selten, wenn wir Entscheidungen treffen müssen.

Andererseits besagt ein Sprichwort: Ein voller Bauch studiert nicht gern. Deshalb haben manche großen Persönlichkeiten vor wichtigen Entscheidungen längere Zeit keine Nahrung zu sich genommen. Was nun dem eigenen Selbstfindungs- und Entscheidungsprozess hilft, kann man nur selbst ausprobieren.

Was dabei hilft, eigene Entscheidungsmuster kennenzulernen, ist ein Ernährungsplan. Was hat man die Woche über gegessen, wie ist es einem gegangen und welche Entscheidungen hat man getroffen. Alkohol zu Geschäftsessen macht die eine oder andere Entscheidung sicher leichter, aber nicht unbedingt einfacher. Aber halten Sie sich an die Regel: »Kein Bier vor vier« — dann kann diesem Ritual geschickt ausgewichen werden. Nur am Wochenende gilt: »Bist du fleißig, schon ab zehn Uhr dreißig.«

Leichte Kost zu Mittag hilft auf jeden Fall, das Trägheitsmoment zu reduzieren und den Nachmittag entscheidungsintensiver zu gestalten.

2.4.3 Eitel Sonnenschein? Von wegen.

Auch das Wetter unterläuft unsere Entscheidungsfindung so subtil wie gekonnt. Denn unser liebstes Small-Talk-Thema ist gar nicht so harmlos, wie Sie vielleicht denken. Möglicherweise hatte es mit der Witterung zu tun, dass Napoleon in Russland 1812 bei klirrender Kälte ein paar Entscheidungen traf, die die meisten seiner 612.000 Soldaten das Leben kostete. Was blieb, war eine der größten militärischen Katastrophen der Geschichte. Historiker werden mir entgegenhalten, dass auch der Zar bei Napoleons fataler Niederlage eine aktive Rolle spielte. Klar. Dennoch darf man darüber spekulieren, ob Napoleon in einer warmen Stube, gut ausgeschlafen und wohlgenährt die eine oder andere Entscheidung anders getroffen hätte.

Nun sind wir in der glücklichen Lage, dass wir unsere Entscheidungen äußerst selten bei minus 33 Grad treffen müssen. Dennoch handeln wir je nach Wetterlage ganz unterschiedlich. Und zwar kollektiv.

> **Beispiel**
>
> Langer Einkaufsabend kurz vor einem langen Wochenende. Die Geschäfte sind bis 21 Uhr geöffnet — und das wenige Tage nach Zahltag. Gewöhnlich eine Konstellation, die volle Straßen, gute Laune — und klingende Kassen garantiert. Nicht so gestern. Die Gänge zwischen den Regalen sind gähnend leer, die Kassiererinnen drehen Däumchen. Gefragt nach dem Grund, meinen sie: »Draußen ist's kalt und regnen tut's gerade auch noch.«

Ist ja klar, sagen Sie jetzt. Aber denken Sie auch an den Einfluss des Wetters, wenn Sie sich gerade entscheiden müssen? Sind Sie sich bewusst, dass rein statistisch gesehen mehr Risikoentscheidungen gefällt werden, wenn die Sonne über längere Zeit scheint — und sie uns etwas übermütig werden lässt?

Verstehen Sie mich nicht falsch. Ich appelliere nicht dazu, sich vor jeder Entscheidung schlafen zu legen, sich dann ausgewogen zu ernähren und aus dem Fenster zu blicken, um ausschließlich zu Beginn einer Hochdrucklage eine Entscheidung zu treffen. Aber werden Sie sich bewusst, was Ihre

Entscheidungen beeinflusst. Es könnte so etwas Banales wie ein leichtes Hüngerchen sein. Gut möglich also, dass Sie Ihre Entscheidungen besser geplant (und gespeist) glücklicher machen.

2.5 Der ganz gewöhnliche Entscheidungsstau

Hat die Gabe, sich nicht oder nur schwer entscheiden zu können, mit Intelligenz zu tun? Natürlich nicht. Denn selbst die gescheitesten Menschen tun teilweise dumme Dinge. Sie sind überzeugte Nichtraucher, setzen ihre Kinder aber in Fahrradanhänger, wo diese auf perfekter Auspuffhöhe die Abgase inhalieren müssen. Sie verzichten auf Zucker im Kaffee, fühlen sich aber total glücklich, wenn sie eine Banane essen. Für alle, die's nicht wissen: Darin steckt so viel Fruchtzucker wie in acht Stück Würfelzucker. Oder sie fahren kilometerweit für einen günstigeren Benzinpreis, der sich nur durch die Fahrstrecke bereits wieder relativiert.

Warum tun wir das? Aus dem gleichen Grund, weshalb wir uns nicht entscheiden können. Die Irrationalität wickelt uns um den Finger, ohne dass wir es merken. Oder anders gesagt: Wir vergessen, um was es bei einer Entscheidung wirklich geht. Klingt unglaublich? Ganz und gar nicht. Stellen Sie sich vor: Sie stehen in einem Supermarkt im Gang der Frühstücksflocken. Sie haben die Wahl zwischen 27 Müesli-Sorten (keine Übertreibung, ich habe sie selbst gezählt). Während Sie anfänglich lediglich die Geschmacksrichtungen vergleichen, beginnen Sie plötzlich abzuwägen: Mit Mineralien? Magnesium? Glutenfrei? Oder doch besser mit Vitaminen angereichert? Aus einem banalen Kauf, der ursprünglich einzig das Ziel verfolgte, am nächsten Morgen etwas in die Schüssel zu streuen, das Lust auf den neuen Tag macht, wird plötzlich eine gesundheitsspezifische Grundsatzentscheidung. Und schon schnellen ratlos die Hand ans Kinn und die Augenbraue in die Höhe. Das Resultat: Noch ein Entscheidungsstau oder das Gefühl, sich so oder so falsch zu entscheiden.

2.5.1 Die Ent-Scheidung

Wie viele Paare bleiben nur der Kinder wegen zusammen und entscheiden nur für ihre Kinder? Hausaufgaben, Elternsprechtag, Berufswahl usw. Sind die Kinder einmal aus dem Haus oder das Fernsehgerät geht kaputt, weiß man nicht mehr, was reden, wie folgende Anekdote zeigt:

> **Beispiel**
> Ein frisch Verheirateter über seine Angetraute: »Darf ich Ihnen vorstellen, meine Frau.«
> Der gleiche Mann 15 Jahre später: »Stellen Sie sich vor, das ist meine Frau.«
> Und nochmals 35 Jahre später:
> »Gnädiger Herr, bitte stellen Sie sich vor meine Frau.«

Meistens resultiert dann Folgendes daraus:

Der häufigste Scheidungsgrund ist die Ehe.
(Verfasser unbekannt)

Diese Aussage ist so banal wie trivial und kommt wahrscheinlich aus dem Lateinischen: **E**rrare **h**umanum **e**st – was so viel bedeutet wie »Irren ist menschlich«. Dennoch könnte sie das Dilemma kaum treffender umschreiben. Denn vor lauter Entscheidungsstress vergessen wir manchmal das ganz Grundsätzliche. Nämlich: Wenn wir heiraten, sollten wir uns mit dem Scheitern auseinandersetzen. Denn realistisch gesehen ist die Ehe der häufigste Scheidungsgrund. Rund 50 Prozent aller Ehen werden geschieden. Das Problem: 100 Prozent glauben, dass es sie nicht treffen wird.

Das Gleiche gilt bei Entscheidungen. Wir wissen zwar, dass jede das Potenzial zum schlechtmöglichsten Ausgang hat. Vielen gelingt es, das salopp auszublenden. Andere wiederum tun sich genau damit schwer und schieben Entscheidungen tage- und wochenlang vor sich her. Falls Sie zu diesen Menschen gehören, habe ich eine kleine Geschichte für Sie:

Der ganz gewöhnliche Entscheidungsstau 2

> **Beispiel**
> Urlaub in Nordafrika. Ein Bekannter von mir genießt Tage wie aus 1001 einer Nacht. Eines Morgens wird er vom Concierge angesprochen: »Was wollen Sie denn heute machen: Busfahrt zur Medina von Tunis oder Kamelreiten?« Er wägt kurz ab und entscheidet sich fürs Wüstenschiff. Während er später seelenruhig durch die Landschaft reitet, explodiert genau jener Bus, der den Ausflug in die Stadt durchführte, beim Anschlag eines Selbstmordattentäters. Menschen werden verletzt, es gibt Tote. Und unser Bekannter wundert sich noch heute, was ihn wohl damals geritten hat und ihn auf den Stadtausflug verzichten ließ.

Worauf ich hinauswill: Sie können immer und alles bis ins letzte Detail abwägen. Sie können Reisewarnungen folgen oder ignorieren. Am Ende des Tages hängt unser Schicksal an einem seidenen Faden, über den wir keine Kontrolle haben. Oder wie ich zu sagen pflege: Irgendwo sitzt ein Schiedsrichter, der über reguläre Spielzeit, Nachspielzeit oder frühzeitigen Spielabbruch entscheidet. Überhaupt streut uns die Floskel »Entscheidung treffen« Sand in die Augen. Denn es klingt nach Zielgenauigkeit, nach Selbstbestimmung. Doch wenn immer wir etwas entscheiden, sind wir davon abhängig, dass uns das Schicksal gnädig gestimmt ist. Ich habe darum meine Erwartungshaltung um 180 Grad gekehrt. So bin ich heute der Meinung, dass uns das Leben kein Anrecht auf den »richtigen Ausgang« schuldet. Vielmehr ist es für mich stets aufs Neue ein Glücksmoment, wenn sich eine Entscheidung als richtig erweist. Wie neulich, als ich bei der Familienwanderung, der Sonne und der Platzproblematik im Rucksack zum Trotz, die Regenjacken einpackte. Als es dann zu schütten anfing, war meine Entscheidung keine Selbstverständlichkeit, sondern im wahrsten Sinne ein Glücksgriff. In Momenten wie diesen klopfe ich mir nicht stolz auf die Schulter, sondern blicke zum imaginären Schiedsrichter, nicke ihm still zu und danke ihm für sein Wohlwollen.

2.5.2 Schau, stau, wem

Es gibt Entscheidungen, die können wir uns gut und gerne länger durch den Kopf gehen lassen. Da fällt es uns natürlich leichter, Gelassenheit walten und Entscheidungsstaus erst gar nicht aufkommen zu lassen. In Not bringen uns ja eher die Situationen, die schnelle und vor allem ungeplante Entscheidungen von uns fordern. Und bei denen es keine optimale Lösung, sondern nur Kompromisse gibt. Was dann? Dankbarkeit alleine hilft da nicht weiter, höre ich Sie leicht zynisch sagen. Recht haben Sie. Und dennoch, die Geisteshaltung alleine hilft, klaren Kopf zu bewahren und vor der drohenden Kettenreaktion der Entscheidungen nicht zu erstarren. Ein Beispiel dafür.

> **Beispiel**
>
> Nehmen wir an: Sie sind auf eine zweitägige Veranstaltung eingeladen. Noch sind es bis dahin vier Monate, die Agenda ist in jener Woche noch völlig leer. Mit großer Vorfreude sagen Sie zu. Die Wochen ziehen ins Land und mittlerweile drängt sich ein Termin an den anderen. Dennoch gelingt es Ihnen, noch eine Einladung einer Brauerei zu einem Fußballspiel in Berlin elegant mit dem Kongress zu verbinden. Und dann dies: Eine Beerdigung, zu der Sie auf jeden Fall gehen müssen, bringt den hartnäckig verteidigten Termin arg in Bedrängnis. Die ganze Woche muss umgestellt werden. Im Kopf spielen Sie alle möglichen Szenarien durch und wissen einzig dies: Eine Ideallösung gibt es nicht mehr. Denn neben Geschäftsterminen gibt es familiäre Fixpunkte, die unumstößlich sind, etwa Fußballspiele der Söhne, Chorauftritte der Tochter. Auf was nun verzichten:
> - Zweitägiger Kongress, auf den Sie sich seit Monaten gefreut haben?
> - Fußballspiel in Berlin?
> - Familienprogramm?
> - Verlagstermin in München?
> - Daily Business?

Es sind Momente wie diese, in denen mich mein innerer Schiedsrichter auf die Probe stellt. Hadern? Rat- und rastlos die immer gleichen Gedanken durch die Hirnwindungen jagen? Denn es gibt sie nicht, die »richtige Lösung«. Nicht, weil ich zu unfähig dafür wäre, sondern weil der Tag nur 24 Stunden und darin nicht alles Platz hat. Wie komme ich trotzdem zu einer (schnellen) Entscheidung? Wie vermeide ich, dass mich dieses Dilemma über längere Zeit gefangen hält und blockiert? Ganz einfach: Ich wäge ab, was wirklich zählt.

Wie es der Name schon verrät: Daily Business ist nicht zu vernachlässigen und täglich wichtig. Genauso das Familienprogramm. Aus der zweitägigen

Veranstaltung eine eintägige machen? Lohnt sich dann die sechs stündige Anfahrt überhaupt noch? Ich wälze und knete jeden einzelnen Termin durch und spüre, wie der Entscheidungsstau mich zunehmend kribbelig macht. Soll ich eine Münze werfen oder den Plan weiter studieren?

Ich entscheide mich fürs Zweite. Schließlich weiß ich, was ich nicht aufzugeben bereit bin. Und mit dieser Erkenntnis bahnt sich bereits die Lösung an. Wenn ich diesen Prozess im Nachhinein selbstkritisch durchleuchte, ist es eigentlich ganz einfach, was in mir vorging: Stück um Stück nähere ich mich der Lösung an, mit der ich zu leben gewillt bin. Schlussendlich lasse ich den Termin mit meinem Verlag in München sausen, was mich zwar ärgert, was aber am ehesten warten kann.

Dilemmas, bei denen es keine richtige Lösung gibt, sind kein Fluch. Aber sie fragen uns, was uns im Leben wirklich wichtig ist. Dementsprechend zwingen sie uns, manchmal ganz existenzielle Fragen zu stellen, vor denen wir uns vielleicht lieber drücken würden. Wenn wir die Antworten darauf finden, sind die Dilemmas letztlich ein Geschenk unseres inneren Schiedsrichters. Ob er mit dem Ergebnis des Entscheidungsprozesses dann zufrieden ist, können wir nur bedingt beeinflussen, weshalb wir uns das Leben auch nicht allzu schwer machen sollten. Versuchen Sie darum, Ihre Entscheidungsstaugefahr möglichst rasch aufzulösen. Entscheiden Sie so schnell wie möglich, zwingen Sie sich zu Antworten, auch wenn es unbequem ist oder schwerfällt. Entscheiden Sie sich für das, was nicht mehr nachgeholt werden kann oder einmalig ist. Zum anderen Nein sagen, wenn es so ist — ohne Ausrede.

Da fällt mir ein Dompfarrer ein, der angeblich bei längerfristigen Terminanfragen, die nicht unbedingt in sein Schema gepasst haben, immer mit der Ausrede verneint hat: »Da kann ich nicht — da habe ich eine Beerdigung.« Solche Antworten sind natürlich nur für die hohe Geistlichkeit bestimmt.

Und vor allem: Wenn Sie mal eine Entscheidung gefällt haben, leben sie mit ihr: ohne sie anzuzweifeln, sie zu verdammen oder sie auf die Goldwaage zu legen.

2.6 Kaufentscheide — und wie sie uns austricksen

Nicht wenige der täglichen Entscheidungen betreffen unsere Geldtasche. Und wenn's ums Geld geht, hört der Spaß auf. Glauben wir zumindest. Denn in Wahrheit spielen uns Hirn und Psyche köstliche Streiche. Welche? Das erzähle ich Ihnen gerne.

Zuerst aber räumen wir mit einem Klischee auf, das behauptet: Frauen und Männer sind verschieden, besonders beim Einkaufen. Nun, Frauen mögen Produkte und Dienstleistungen etwas mehr vergleichen, wir sind etwas zielstrebiger, aber liebe Männer: Vor der Kasse ticken wir alle gleich. Was mich gleich zur Frage bringt: Was lässt uns Kaufscheidungen treffen? Ich höre Sie schon rufen: »Natürlich der Preis!« Schließlich sind die Verkaufslokale voll mit Schildern, die uns in Erinnerung rufen, wie viel wir gerade sparen könnten. Aber weit gefehlt: 80 Prozent aller Kaufentscheidungen werden emotional getroffen und haben nur wenig mit dem Preis zu tun. Dieser definiert lediglich die Schmerzgrenze.

Früher war Shopping ganz einfach: Der Fischhändler kriegte für seinen Fang beispielsweise ein Stück Fleisch, das dem Wert des Fisches entsprach. Das war ganz praktisch. Und heute? Ist es ein Tauschgeschäft geblieben: Welchen (Lust-)Gewinn kriege ich für welchen Trennungsschmerz von meinem Geld?

Die Kaufmotivation ist im Grunde stets die Gleiche:
- Wir wollen etwas bewahren oder schützen.
- Wir wollen uns etwas gönnen.
- Wir wollen anderen etwas Gutes tun.
- Wir wollen uns profilieren.

Ein Lebensmitteleinkauf dient dazu, unseren Hunger zu stillen, also unsere Gesundheit zu erhalten. Er kann aber auch einmal das Bedürfnis erfüllen, sich zu belohnen, sich etwas zu gönnen — oder sich mit Kaviar als besonders großzügiger Gastgeber zu beweisen.

2.6.1 Der Preis ist gar nicht so heiß

Wenn der Preis so gar nicht wichtig sein soll, warum bitteschön werden wir dauernd mit Aktionen bombardiert? Ganz einfach: Der Preis ist eine Währung. Und der Wechselkurs ist das Ersparte, das wir wieder für anderes ausgeben können. So geht das: Was ich beim Waschmittelkauf einspare, kann ich in Schokolade investieren — und mir damit einen unmittelbaren Lustgewinn gönnen. Was beim Spontankauf funktioniert, tritt auch beim Plankauf ein. Spare ich beim Flug nach Mallorca, kann ich mir ein besseres Hotelzimmer gönnen. Es geht also nicht um den effektiven Preis, sondern um eine stete Steigerung des Lustgewinns.

Darum hat Werbung die Aufgabe, Menschen dazu zu bewegen, Dinge einzukaufen, die sie nicht brauchen, mit Geld, das sie nicht haben, um Leuten zu imponieren, die sie nicht mögen. Sind Menschen, die mehr ausgeben, als sie besitzen, Masochisten? In gewissem Maße: Ja.

Aber natürlich gibt es noch andere Mechanismen, die uns bei Kaufentscheidungen immer wieder einholen. Gut, wenn Sie diese ein bisschen durchschauen.

2.6.2 Gehen Sie vorsichtig um mit Ihrem Sympathiebonus

Beispielsweise stehen Sie in Ihrer Bank in der Schlange. Am Schalter arbeiten zwei Männer: der eine schlank, mit Brille und exaktem Seitenscheitel, der andere etwas übergewichtig, beide in Anzug und mit einem sympathischen Lächeln im Gesicht. Der Trick, mit dem unser Hirn uns hinters Licht führt, ist ziemlich fies, funktioniert aber praktisch immer. Sie stehen nämlich in der Schlange und hoffen darauf, vom Mann mit Brille beraten zu werden, denn Brillenträger, das weiß jeder, sind klug. Am nächsten Tag gehen Sie in ein Weingeschäft, wieder haben Sie die Wahl: Brillenträger oder molliger Verkäufer. Sie beten zum Himmel, vom offensichtlichen Genießer beraten zu werden. Will es das Schicksal, dass Sie in beiden Fällen nicht von Ihrem bevorzugten Verkäufer bedient werden, schleichen sich bei Ihnen leichte Zweifel ein, ob Sie beim Verkaufsgespräch auch kompetent genug beraten worden sind. Selten hat das inhaltliche Gründe.

Ob Frauen in Mode- oder Schmuckgeschäften einen Kauf tätigen, hat nicht nur mit den Produkten zu tun, die sie anprobieren. Studien haben zutage gebracht, dass schöne Verkäuferinnen kontraproduktiv wirken können. Hat die Kundin nämlich das Gefühl, in ihrem Objekt der Begierde vor dem Spiegel weniger attraktiv zu wirken als die Verkäuferin, wird sie dafür nicht auch noch Geld ausgeben. Da wären wir wieder beim Entscheidungsneid.

Ganz zu schweigen davon, wenn dann noch der »Verwende ich auch«-Tipp der Verkäuferin hinzukommt. Das baut zwar Sympathieblockaden ab, ist aber wiederum nicht immer glaubwürdig.

> **Beispiel**
>
> Als ich mich mit meiner Ex-Freundin (heute ist sie meine Frau) auf den Weg machte, Eheringe zu kaufen, fragte ich die Verkäuferin höflich: Ich hätte gerne ein Angebot für Eheringe. Sie zeigte auf das Preisschild und ich ergänzte: nicht die Preisliste, sondern ein Angebot. Erst als ich sagte: »Wird es billiger, wenn ich zwei nehme?«, wusste sie, was gemeint war. Immerhin — 10 Prozent hat es gegeben.

Darum ein kleiner Tipp. Schauen Sie sich selbst über die Schulter, wenn Sie mal wieder einkaufen gehen. Wie reagieren Sie auf Verkäuferinnen und Verkäufer? Und weshalb? Ich tippe jetzt schon darauf, dass Sie von Ihren eigenen »Vorurteilen« überrascht sein werden.

2.6.3 Beim Kauf bekennen wir Farbe — mehr als wir denken!

80 Prozent aller Verkaufsentscheidungen werden vor dem Regal getroffen. Was Sie über diese Produkte in der Werbung gesehen, in der Presse gelesen oder mit Bekannten besprochen haben, beeinflusst, wie Sie in den nächsten fünf Sekunden entscheiden. So lange dauert es nämlich durchschnittlich, bis etwas im Warenkorb landet. Das überraschende aber: Wofür Sie sich entscheiden, hat zu 65 Prozent mit Farben und nicht mit den Produkten selbst zu tun. Denn wir Menschen haben eine ganz einfache Erinnerungshierarchie:

- Farben
- Formen

- Zahlen
- Schrift

Nichts nistet sich in unserem Gedächtnis so tief ein wie Farben. Damit verbinden wir Gefühle, die wir bewusst nicht mal in Worte fassen können. Ein Beispiel: Sie haben Bauchweh, stehen in einer Apotheke und Ihnen werden drei unterschiedliche Schmerzmittel angeboten. Nun, ich kenne Sie nicht persönlich, aber die Wahrscheinlichkeit, dass Sie sich für ein blaues Produkt entscheiden, ist erdrückend hoch. Denn Blau wirkt beruhigend — und ist darum bei Schmerzmitteln die bevorzugte Wahl, vor Grün, Gelb und Rot.

Steht dagegen ein Paar vor dem Schokoladenregal, ist nur eines fast in Stein gemeißelt: Er wird keine lila Verpackung wählen. Schließlich gibt es kaum eine andere Farbe, die Männer weniger gern mögen. Weshalb es für Schokoladenhersteller ein cleverer Zug ist, ein Produkt in Lila zu verpacken, wenn es ganz gezielt an die Frau gebracht werden soll. Denn Lila mögen Frauen gerne. In beiden Fällen gibt es zwei spannende Fakten:
- 80 Prozent aller Konsumenten können nicht begründen, weshalb sie ausgerechnet dieses Produkt gewählt haben. Der Kaufentscheid wird also unbewusst getroffen.
- In beiden Fällen spielt es eine untergeordnete Rolle, wie gut das Produkt tatsächlich ist. Soll es allerdings ein zweites und drittes Mal gekauft werden, ist es bestimmt nicht von Nachteil, wenn auch die Qualität stimmt. Allerdings darf hier gerade bei Schmerzmitteln der Placebo-Effekt nicht unterschätzt werden.

2.6.4 Wie einfach wir uns übertölpeln lassen und uns dabei auch noch richtig gut finden

Kaufentscheidungen zeigen, wie irrational wir zuweilen handeln. Ein eigenes Beispiel vom Beginn des Sommers: Die ersten warmen Sonnenstrahlen lassen den Garten aufblühen, höchste Zeit also, den Sitzplatz in Schuss zu bringen. Weil für meine Familie nur das Beste gut genug ist, soll auch ein neuer Grill her. Da ich die gemeinen Stolperfallen der Kaufentscheide kenne, blende ich bei der Wahl Farben und Verkäufer so gut es geht aus. Schließlich entscheide ich mich für ein Modell, das mir den größten Nutzen mit dem geringsten Trennungsschmerz von meinem Geld verspricht. Stolz schreite ich zur Kasse – und packe auch gleich ein Grillputzmittel dazu. Saubere Sache, denke ich.

»16 Euro für ein Putzmittel!«, wird später meine Frau leicht schockiert feststellen. Und recht hat sie. Nie und nimmer hätte ich so viel bezahlt, hätten auf meiner Einkaufsliste Kleinigkeiten wie Banane, Müsli und Energieriegel gestanden. Die hätten die Relation in meinem Kopf sofort hergestellt, nicht aber, wenn ich einen Grill kaufe, der deutlich teurer ist. Was uns lehrt: Bei Großausgaben werden wir nachlässig, weil die Preisverhältnisse außer Rand und Band geraten. Anderer Kontext, andere (Kauf-)Entscheidung!

Gut also, wenn man diesen Mechanismus kennt – und sich so vor unnötigen Ausgaben schützen kann. Denn unser Gehirn entscheidet nie absolut, sondern immer relativ. Wir brauchen einen Bezugsrahmen, sonst können wir unsere Entscheidung nicht einordnen. Lediglich beim Vollzug der ehelichen Pflichten sollte auf die Frage: »Und, wie war ich?« eine klare und absolute Antwort kommen – und keine relativ vergleichende.

2.6.5 Erst wenn wir viel bezahlen, sind wir richtig glücklich

Allen Schnäppchenjägern wird diese Überschrift Schmerzen bereiten. Dennoch: Gültigkeit hat sie für eine überwiegende Mehrheit der Bevölkerung. Denn selbst wenn uns Aktionen mit »Jetzt« oder »Nur für kurze Zeit« unter Druck setzen und wir darum die Geldtasche zücken, tun wir es nicht, weil es weniger kostet. Sondern weil wir uns mit dem guten Gefühl belohnen, weniger als die anderen bezahlt zu haben. Macht uns das aber glücklich?

Natürlich nicht. Denn insgeheim wissen wir: Was so billig ist, kann nicht wirklich gut sein. Mehr noch: Wenn es jetzt so günstig ist, bezahle ich dann sonst nicht immer zu viel? Zweifel wie diese können Marken langfristig zerstören. Weshalb clevere Produkthersteller und Dienstleister sich auf diesen mörderischen Preiskrieg erst gar nicht einlassen. Diesen Luxus muss sich eine Marke allerdings hart erarbeiten.

Apropos Luxus: Konsum macht nicht glücklich, sagen Sozialkritiker. Mag langfristig ja stimmen. Aber wenn wir uns einmal ein besonders schönes Hotel fürs Weekend gönnen oder ein Auto, das gefährlich nahe an unserer Geld-Trennungsschmerzgrenze liegt, lehnen wir uns tatsächlich genüsslich zurück — und fühlen uns wie Könige und Königinnen. Denn besser kann es für uns ja nicht mehr kommen, zumindest, wenn es um diese Kaufentscheidung geht. Allerdings auch nur so lange, wie Sie sich all dieser unterschwelligen Kaufentscheidungsmechanismen nicht bewusst sind.

Wenn Ihnen das aber erst gelingt, können Sie sich der neuen Bescheidenheit hemmungslos, oder besser gesagt, asketisch hingeben. Und haben zumindest das Problem der ewigen Kaufentscheidungen weitgehend gelöst.

2.7 Nein denken und Ja sagen

Gute Ideen zu haben, ist keine Kunst. Sie umzusetzen, ins Leben zu rufen, zu hegen und pflegen, bis sie richtig groß sind, dagegen schon. Denn das braucht Engagement, Hartnäckigkeit und nicht zuletzt eine gute Portion Leidensvermögen. Ob brillantes Gedankengut die Köpfe der Denker verlässt, scheint darüber hinaus eine Frage der Risikobereitschaft zu sein. Ob aus guten Ideen reale Projekte werden, hat aber auch mit Durchsetzungsvermögen zu tun. Ein »Nein« nicht einfach zu akzeptieren, gehört genauso dazu wie sein eigenes »Nein« standhaft zu verteidigen. Was für uns selbst gilt, ist natürlich auch ein nicht zu unterschätzendes Kriterium bei der (Geschäfts-)Partnerwahl. Wie aber unterscheidet man die standhaften Nein-Sager von den sympathischen und allzeit hilfsbereiten Ja-Sagern? Statt Menschen auf die Finger zu schauen, habe ich für mich eine einfachere, handfestere These entwickelt.

> **Nicht das Erzählte reicht.**
> **Nur das Erreichte zählt.**

Also liefern, statt lamentieren, wie das die Schweizer so schön auf den Punkt bringen. Das aber klingt einfacher, als es in Tat und Wahrheit ist. Sie kennen es aus Filmen oder eigener Erfahrung: Die Tochter umarmt und umgarnt Sie, und schon ist das Ausgehverbot aufgehoben. Sie wollen am

Freitag früher gehen, da kommt der Chef und bittet um einen Gefallen — und schon liegen Ihre Pläne flach. Freunde bitten Sie, beim Umzug zu helfen. Obschon Sie sich geschworen haben, so etwas nie mehr zu machen, schleppen Sie am nächsten Wochenende eine Kiste nach der anderen in eine fremde Wohnung.

Warum nur kippen viele wie eine Lichttaste, wenn von einer Seite Druck kommt?

2.7.1 Kleiner Ausflug in die Geschichte der Ja-Sager

Der Anfang allen Übels liegt schon ganz früh in der Kindheit, wenn wir als kleine Knirpse noch ganz unbedarft, unbeschwert und unverhohlen »Nein, Nein, Neeeeein« sagen. Doch die Eltern halten dagegen: »Nein, mit dem Essen wird nicht gespielt.« »Nein, die Finger gehören nicht in die Nase.« Und: »Ja, was auf den Tisch kommt, wird gegessen.«

Was als Teil der Entdeckungsreise in unsere Welt zu verbuchen ist und Kleinkinder zum Teil auch vor schmerzhaften Erfahrungen schützt, wird mit zunehmendem Alter problematischer. Nämlich die Lektion, die Kinder auf diese Weise lernen: Wer sein Zimmer nicht aufräumen, wer der Großmutter keinen Kuss geben will oder wer die Spielsachen nicht teilen mag, kriegt negatives Feedback — und fühlt sich schlecht. Kinder hören dabei nicht nur ablehnende Worte, sie sehen auch Bilder: Mama wird traurig, Papa zappelig und, wenn's richtig dicke kommt, gibt's vom großen Bruder noch eine Klatsche oben drauf. Wer die Liebe seiner Eltern und Geschwister nicht allzu arg strapazieren möchte, pariert — früher oder später jedenfalls.

Und was das Ganze noch schwieriger macht: Wenn Verbote erteilt werden, dann sollte dies auch konsequent durchgezogen werden — genau das ist aber extrem schwierig, weil auch Eltern nur Menschen sind.

Darum sollten sich Eltern ihre Reaktion gut überlegen, wenn ihre Kinder die Anweisungen mal wieder missachten. Man mag zwar einen Konflikt im Moment gewinnen, dem Kind aber könnte es zunehmend schwerfallen, in

Zukunft Grenzen zu setzen und »Nein« zu sagen. Denn solche Mechanismen werden oft unreflektiert ins Erwachsenenleben übernommen.

> **Wenn ich Nein sage,**
> - mögen mich die anderen nicht.
> - verletze ich die anderen.
> - bin ich ein Egoist.
> - verliere ich meinen Job, meinen Partner oder um was immer es auch gerade geht.

Konsequent weitergedacht, bringt das »Nicht-Nein-sagen-können« aber auch handfeste Vorteile:
- Ich bin nicht schuld, wenn etwas falsch läuft. War ja schließlich nicht meine Entscheidung.
- Ich kann andern ganz toll ein schlechtes Gewissen machen. Ich hab für sie ja schon auf so vieles verzichtet.
- Ich gehe Konflikten ganz bequem aus dem Weg.
- Ich gelte als bescheiden, sympathisch und kooperationsfähig.

Es lohnt sich also durchaus, als Eltern nicht jede »Schlacht« gewinnen zu wollen – ganz im Gegenteil. Lassen Sie Ihre Kinder ruhig mal einen Konflikt gewinnen. Das gibt ihnen das gute Gefühl der Selbstbestimmung. Angenehmer Nebeneffekt: Das macht Sie beim Nachwuchs beliebt. Denn eines Tages werden Ihre Kinder womöglich das Altersheim aussuchen, in dem Sie Ihren Lebensabend verbringen. Bleibt zu hoffen, dass die Kinder Ihnen gnädig gestimmt sind.

2.7.2 Ist der Schaden auch passiert, lässt er sich trotzdem beheben

Natürlich können Kinder sensibler oder robuster auf Konfliktsituationen reagieren. Fakt aber ist, wer sich als Erwachsener mit einem »Nein« schwertut, hat insbesondere eines nicht gelernt: für sich einzustehen. Wer selbstbewusst sagt: »So nicht, ich gehe meinen eigenen Weg«, macht sich angreifbar, wird nicht mehr von allen geliebt – und als moderat oder bescheiden werden Sie kaum mehr durchgehen.

Wer sich vom Ja-Sagen verabschieden will, muss sich also erst einmal von den »Vorteilen« lösen, die diese Haltung mit sich bringt, die aber nicht wirklich hilfreich sind. Dazu gibt es eine kleine, aber effektive Übung.

> **!** **Beispiel**
>
> Knüpfen Sie sich jemanden vor, der Sie aufrichtig liebt. Und sagen Sie bei einer belanglosen Entscheidung einfach mal »Nein, mag ich nicht«. Nur um zu schauen, was jetzt passiert. Wahrscheinlich wird sich Ihr Gegenüber verwundert die Augen reiben. Mehr aber auch nicht. Denn so schnell verliert man weder Job noch Partner. Jedenfalls nicht solche, die es wert sind, ernst genommen zu werden. Sie gewinnen dadurch die Sicherheit, dass Ihre ablehnende Haltung nicht zwangsläufig zu einem Desaster führt. Und falls Sie doch auf Ablehnung stoßen, ist das nicht Ihr Problem. Sagen Sie es laut und deutlich: »Ich hab das gleiche Recht, meine Meinung zu sagen«. Wenn Ihr Gegenüber damit gar nicht klarkommt, sei Ihnen empfohlen: Machen Sie sich grundsätzlich Gedanken über diese Beziehung.
>
> Überhaupt sollten Sie sich ein neues Denkmuster angewöhnen: Bei Entscheidungen für oder gegen etwas geht es nicht um Menschen, sondern um Inhalte oder Sachen. Weshalb Sie ein »Nein« nicht persönlich und als Angriff auf Ihre Person verstanden haben sollten. Wenn es Ihnen gelingt, diese Trennung zu vollziehen, stärken Sie Ihr Selbstbewusstsein und Selbstwertgefühl — die Basis, um auch unpopuläre Entscheidungen in Ihrem Umfeld durchsetzen zu können.

2.7.3 Fünf Dinge, die notorische Ja-Sager weiterbringt

Spielen Sie defensiv. Fordern Sie eine Auszeit.
Situationen, auf die man sich vorbereiten kann, bewältigen viele souverän und selbstsicher. Kein Problem. Kaum aber werden wir überrumpelt, gehen unsere Pläne flöten. Damit Ihnen das nicht mehr passiert, spielen Sie einmal auf Zeit. »Ich lass mir das kurz durch den Kopf gehen und melde mich gleich wieder.« Das Gute daran: Bereits die Frage nach Aufschub lässt Ihr Gegenüber aufhorchen — und bereitet auf die Möglichkeit einer Absage vor. Was es Ihnen wiederum erleichtert, Ihr Nein durchzusetzen — nachdem Sie es in aller Ruhe vorbereitet haben.

Orten Sie die Schwachstelle.
Fragen Sie sich offen und ehrlich: Warum nur fällt es so verdammt schwer, Nein zu sagen? Wenn man beispielsweise gebeten wird, ein Projekt oder Arbeitspapier ehrenamtlich, als guter Freund und allein aufgrund guten Willens durchzugehen, weil das »niemand so gut kann wie du«, gibt man sich meist schnell geschlagen. Denn man fühlt sich gebraucht, gebauchpinselt und die Neugierde ist auch noch geweckt. Man will ja nichts verpassen. Und kann kaum mehr Nein sagen, obschon man tausend andere Dinge zu tun hätte.

Fragen Sie sich also in der Bedenkzeit, die Sie sich darüber klar geworden sind, vor welchen Konsequenzen Sie sich gerade fürchten. In unserem Beispiel etwa, als arrogant, unkollegial, zickig und hochnäsig abgestempelt zu werden.

Erkundigen Sie sich nach dem Preis, den Sie für ein Ja bezahlen.
Auch wenn Sie noch so hilfsbereit sein wollen: Bevor Sie Ihre Pläne auf den Kopf stellen, um für jemand anderen etwas zu tun, das Sie nicht geplant hatten, sollten Sie sich fragen, welchen Preis Sie dafür bezahlen: Was schiebe ich auf, wer oder was zieht den Kürzeren? Muss ich dafür meine Pläne aufgeben — und ist es das wert? Wenn wir diese Bilanz ziehen, sehen wir schnell, ob sich ein Ja oder Nein lohnt.

Gönnen Sie sich eine Abkürzung.
Wir können jede Situation genau analysieren und ihr auf den Grund gehen. Und wir finden tausend Gründe, warum wir etwas tun oder lassen sollten. Manchmal aber sei es uns erlaubt, nicht bei Adam und Eva anzufangen und eine Situation bis ins Kleinste zu sezieren. Erteilen Sie sich einfach hochoffiziell und feierlich den Segen, Nein sagen zu dürfen. Vielleicht auch mal grundlos, aus Trotz oder als Experiment. Allein das Signal, das Sie sich damit selbst geben, öffnet Ihren Geist und bereitet den Weg, häufiger Nein zu anderen und mehr Ja zu sich selbst zu sagen.

Spielen Sie die Musik mit dem richtigen Ton.
Bevor Sie nun aber zum berüchtigten Verweigerer werden, gebe ich Ihnen einen kleinen Tipp mit auf den Weg. Seien Sie stets klar und direkt, vermeiden Sie »vielleicht«, »manchmal« oder »eventuell«. Aber vertreten Sie Ihre

Neins mit Charme, Humor und Respekt. Dem kann erstens kaum jemand widerstehen und zweitens fühlen sich dabei gleich alle besser. Und: Nicht jede Entscheidung muss begründet werden — es reicht, wenn Sie diese verstehen.

2.8 Die großen Lebensentscheidungen oder warum Diäten und Vorsätze scheitern

Während unser Leben im täglichen Rhythmus so dahinplätschert, lassen sich viele Entscheidungen korrigieren, anpassen oder sogar diametral ändern. Denn Hand aufs Herz: Viele davon haben kaum Auswirkungen auf unser Leben und dessen Qualität. Ob wir nun in einem blauen, blau-weiß gestreiften oder weißen Hemd durch das Arbeitsleben gehen, ob wir roten oder tiefroten Lippenstift tragen, macht uns weder glücklicher noch depressiver. Dennoch strapazieren wir unser Hirn und Bauchgefühl genau bei diesen Kaufentscheidungen über Gebühr.

Abseits dieser Banalitäten aber treffen wir in unserem Leben ein paar Entscheidungen mit existenziellen Konsequenzen. Welchen Partner und Beruf wir wählen, mit welchen Freunden und Hobbys wir uns beschäftigen und wohin wir nachts unser Haupt betten, definiert über 90 Prozent unseres Lebensinhaltes. Womit sich bereits zeigt: Viel zu viele Entscheidungen nehmen wir viel zu wichtig. Und ein paar wenige wahrscheinlich zu sehr auf die leichte Schulter. Oder wann haben Sie sich das letzte Mal Gedanken über Ihre Freunde gemacht? Statistisch gesehen ziehen sich eben auch hier »Gleich und Gleich« an. Wer sich also in einem Kreis mit vielen Unzufriedenen, Dauerbesorgten und Überkritischen bewegt, wird es schwerer haben, ein glückliches, zufriedenes, unbeschwertes Leben zu führen, als jemand, der nur hauptsächlich von Glückspilzen umgeben ist. Verstehen Sie mich nicht falsch: Das ist keine Aufforderung, Menschen, die gerade eine Krise durchleben, ins Abseits zu stellen. Aber notorische Nörgler, ewige Bedenkenträger und destruktive Pessimisten in Ihrem Bekanntenkreis sollten sich in Zukunft warm anziehen. Denn es ist nun mal so: Die negative Einstellung einer Person kann reichen, um Stimmung und Dynamik einer Gruppe in den Keller sausen zu lassen. Wohingegen ein Optimist alleine noch kaum

Die großen Lebensentscheidungen oder warum Diäten und Vorsätze scheitern 2

einen Unterschied macht. Wer sich dessen bewusst ist, wird sich nie über das Gefühl beklagen, zwischen Hammer und Amboss des Schicksals geraten zu sein.

2.8.1 Wir alle denken immer das Gleiche

Statt sich über die zentralen Dinge im Leben Gedanken zu machen, beschäftigen wir uns ungewöhnlich häufig mit immer wiederkehrenden Themen, die uns zu allem Überfluss nicht einmal Spaß machen. So haben 80 Prozent aller Erwachsenen in der westlichen Welt schon einmal versucht abzunehmen. Insofern eine unerfreuliche Erfahrung, weil fast gleich viele dabei enttäuscht wurden. Unabhängig von der Diät sind die Gründe fürs Scheitern praktisch immer gleich:
- Wir setzen uns unrealistische Ziele.
- Unsere Pläne sind nicht alltagstauglich.
- Wir trotzen, wenn's mal nicht läuft.
- Das Vorhaben entspricht nicht unserer eigenen Motivation.
- Unsere Gewohnheiten kommen uns in die Quere.

Wer sich diese Punkte nüchtern zu Gemüte führt, merkt schnell, dass diese Stressfaktoren nicht nur Diäten scheitern lassen. Es sind genau diese Kriterien, die uns ein Leben lang in die Quere kommen, wenn wir Vorsätze fassen, Pläne schmieden oder Ambitionen hegen. Darum: Reißen Sie diese Seite aus dem Buch, falten Sie sie feinsäuberlich in ein handliches Format und stecken Sie das Papier in Ihre Geldtasche. Und wann immer Sie etwas Neues beginnen wollen, kramen Sie diese Liste hervor und fragen Sie sich selbstkritisch, ob einer dieser Punkte zutrifft. Falls das der Fall ist, sollten Sie sich vielleicht besser etwas anderes einfallen lassen.

2.8.2 Wie aber nehmen Sie nun wirklich ab?

Egal wie viel Wohlwollen, Zustimmung und Akzeptanz diese Zeilen bei meinen Lesern finden werden, die meisten stellen sich genau jetzt die entscheidende Frage: »Wie scheitern in Zukunft meine Diätpläne nicht mehr?«

Nun bin ich weder Ernährungswissenschaftler noch Fitnesstrainer, weiß aber, dass auch Diäten vorwiegend mit einem zu tun haben: Entscheidungen. Darum noch ein paar Worte zum leidvollen Kiloschmelzen.

Mit welcher Diät Sie sich quälen wollen, überlasse ich ganz Ihnen. Trotzdem gibt es ein paar Tipps und Tricks, wie Sie diese erfolgreicher implementieren könnten.

Erstens: Abnehmen ist eine einfache Rechnung.
In der Theorie ist das Abnehmen ein Kinderspiel: Mann und Frau nehme täglich weniger Kilokalorien zu sich, als sie verbrauchen und schon verlieren sie Gewicht. So einfach geht das. Nur hat dieser Weg ein paar Stolpersteine.

Zweitens: Unterschätzen Sie die Kalorien nicht!
Was wir uns einen Tag lang in den Mund stecken, ist häufig weit mehr, als wir glauben. Denn gerade zwischen den Mahlzeiten tun wir das, was ich gerne »grasen« nenne. Wir gönnen uns hier und da eine Kleinigkeit – und sind am Ende der Woche überrascht, dass sich die Waage den kleinen Essportionen zum Trotz nicht nach unten bewegt. Darum: Schreiben Sie genau auf, was Sie essen – und trinken. Gnadenlos ehrlich. So können Sie die Kilokalorien ganz einfach berechnen, die Sie zu sich nehmen (dafür gibt es übrigens gute Apps). Womit Sie den ersten Teil der einfachen Rechnung bereits gemeistert hätten und nun ganz genau wissen, wie viel Sie verbrennen müssen.

Drittens: Überschätzen Sie Ihren Energieverbrauch nicht!
Wenn wir schweißüberströmt vom Sport zurückkehren, glauben wir, Tausende von Kalorien verbrannt zu haben. Schön wär's. Für 500 Kilokalorien rackern Sie gut und gerne eine Stunde im Fitnesszentrum. Um sie wieder aufzunehmen, reichen dagegen ein paar Minuten Heißhunger. Was zeigt, dass die einfache Rechnung in der Praxis verdammt harte Arbeit ist.

Viertens: Ab ins Bett!
Wir alle wissen es – und auch die Medien reiben es uns ständig unter die Nase: Wir schlafen zu wenig. Das macht uns nicht nur müde, sondern auch dick. Denn wer weniger als sechs Stunden Schlaf kriegt, hat mehr vom appetitmachenden Hormon Ghrelin im Blut. Das Resultat: Die ursprünglich so

einfache Rechnung von vorhin wird immer mehr zur »Mission impossible«, weil wir mit unserem Schlafdefizit den süßen Versuchungen kaum widerstehen können.

Fünftens: Raus aus den Federn!
Etwas sollten Sie wissen: Eine Waage bewegt sich nur nach unten, wenn auch wir unseren Allerwertesten in Schwung bringen. Gönnen Sie sich und Ihrem Körper Bewegung. Bei einem Spaziergang vor dem Frühstück bringen Sie Ihren Stoffwechsel in Gang, was sich auf Ihrer Waage schnell zeigen wird.

Sechstens: leiden und feiern.
Wir Menschen funktionieren nach ganz einfachen Prinzipien. Lässt uns etwas nur leiden, assoziieren wir damit negative Dinge. Weshalb wir bei einem allzu harten Regime dann auch gerne mit Trotz reagieren — und zu allem möglichen greifen, was nicht unseren Diätplänen entspricht. Darum: Verbinden Sie Abnehmen mit etwas Positivem. Definieren Sie vorab eine Marschroute und gönnen Sie sich bei Erreichen der Zwischenziele etwas Schönes. Ein Einkaufstag, ein Ausflug, ein Tag Auszeit — oder einen kulinarischen Leckerbissen, der die Anstrengungen der Vortage nicht komplett zunichtemacht. Und denken Sie daran: Ernährungsumstellung heißt nicht, Chips und Bier statt rechts neben der Fernbedienung nun links zu platzieren. Sollte auch das nicht helfen, dann betrachten Sie Ihre Waage im Badezimmer als Sportwagenersatz: von null auf hundert in weniger als drei Sekunden.

Die Evolution ist gegen Sie
Wer im besten Alter Gewicht abbauen möchte, nimmt es mit der Evolution auf. Die Frauen werden es nicht gerne hören, aber es ist nun mal so. Sie nehmen schneller zu und langsamer ab als Männer. Aber auch dem starken Geschlecht geht's nicht viel besser: Wenn wir älter werden, legt der Körper ein paar Pfunde als Reserven an. Das war in der Steinzeit überlebenswichtig, im Mittelalter sexy — und heute? Kann der Versuch, abzunehmen, genau das Gegenteil bewirken. Denn die meisten Diäten geben dem Körper das Gefühl, nicht genügend Nahrung zu bekommen. Der Körper merkt sich das und wandelt die Nahrungsversorgung, wenn dann wieder Normalpor-

tionen kommen, gleich in Fettreserven um. Schließlich will er für bevorstehende »Hungersnöte« gewappnet sein. Schon haben wir den Jo-Jo-Effekt.

Ein Satz vor, ein Vorsatz zurück
Und noch so ein Thema, das uns mehr leiden lässt, als Freude zu bereiten. Die obligate Vorsatzfasserei zu Jahresbeginn. Das Erstaunlichste daran ist: Obwohl dieser Brauch kaum Resultate generiert, fasst doch ein Drittel der Bevölkerung jedes Jahr aufs Neue gute Vorsätze. Wir Menschen scheinen erstaunlich lernresistent zu sein — und treffen immer wieder die gleiche Entscheidung. Warum nur? Weil uns die Medien pünktlich zum Jahreswechsel wieder daran erinnern. Die haben in dieser Zeit oft kaum News zu berichten, jedenfalls nicht solche, die diesen Namen verdienen. Zudem haben wir über die Festtage auch endlich wieder die Zeit, uns mit unserem schlechten Gewissen auseinandersetzen. »Ja, ich sollte mich mehr bewegen. Nein, ich sollte um zehn Uhr nachts den Gang zum Kühlschrank nicht mehr antreten. Und ja, früher ins Bett gehöre ich auch.« Ach, wir alle wollen im Prinzip besser sein, werden und leben, nur eben ...

Wichtige Entscheidungen in diese Richtung treffen wir während des Jahres eher zu wenig und vor allem zu wenig bewusst.

> **!** **Drei triftige Gründe, warum von guten Vorsätzen meist nicht viel übrig bleibt**
> 1. Ein Vorsatz ist noch lange kein Ziel. Wer also sagt, ich will im neuen Jahr endlich abnehmen, definiert lediglich eine Absicht. Wie viel bitteschön darf es denn sein? Quantifizieren Sie Ihre Ziele. Damit erhöhen Sie die Chancen auf Erfolg dramatisch. Das gilt übrigens nicht nur zu Jahresbeginn.
> 2. Wer mal anfängt, will nicht gleich ruhen. Jedenfalls übertreiben es die meisten und listen Dinge auf, die zu bewältigen selbst einen Superhelden ins Schwitzen bringen würde. Doch wie so oft im Leben gilt auch hier: Allzu viel ist ungesund. Beschränken Sie sich bei Ihren Vorsätzen darum auf ein paar wenige Ambitionen — und widmen Sie sich diesen mit dem gebührenden Engagement.
> 3. Und zuletzt: Fragen Sie sich, ob Ihr Vorsatz auch wirklich Ihrem innersten Wunsch entspricht. Nicht selten setzen uns die Medien einen Floh ins Ohr, weil das der Zeitgeist gerade diktiert. Der Versuch, etwas durchzusetzen, was Sie nur halbherzig gut finden, ist immer zum Scheitern verurteilt.

Kurzum: Wer diese Mechanismen durchschaut, wird das Leben bewusster gestalten. Was uns auch zur Einsicht bringt, dass nicht jede Entscheidung gleich wichtig ist. Und dass manche davon mit einer spielerischen Leichtigkeit getroffen werden können, die uns selbst überraschen. Nehmen Sie auch nicht ständig neue Vorsätze in Ihre Bilanz auf — verwenden Sie zuerst die alten.

2.9 Die Routine der Entscheidung

Nun hat uns allen der liebe Gott, der Prophet, Buddha oder wie Sie diese Quelle auch immer nennen mögen, ein Gehirn mit auf den Lebensweg gegeben. Nur, weil wir es besitzen, heißt das noch lange nicht, dass es auch alle benutzen. Doch egal wie oft und intensiv wir unsere Gedankenzentrale einsetzen, um eines kommen wir alle nicht herum: Die Routine der Entscheidung, die hin und wieder die »Relativitätstheorie« zum Berater hat:

> **Beispiel**
> Zehn Flaschen Wein im Keller sind relativ wenig.
> Fünf Flaschen in einer Fußballmannschaft sind relativ viel.

Was ich damit meine: Unser Gehirn setzt immer alles in Relation, woraus eine bestimmte Routine entsteht.

Das Prinzip ist ganz einfach. Wir Menschen suchen bei jeder Entscheidung automatisch Bezugspunkte. Ob Erfahrungswerte aus früheren ähnlich gelagerten Entscheidungen oder Geschichten, die wir vom Hörensagen kennen, unser Hirn sucht unsere »Festplatte« laufend nach Erfahrungswerten ab, die es für die Entscheidungsfindung wieder verwenden kann. Was ähnlich gelagert war und zu einem positiven Ergebnis geführt hat, wird ja auch jetzt wieder richtig sein. Egal wie Wissenschaftler diese Hirnfunktion nennen mögen, für einen wie mich, der viel Zeit im Auto verbringt, klingt das ganz einfach nach einem: einer bequemen Abkürzung.

In dem wir unseren Erfahrungsschatz anzapfen, brauchen wir nicht jede Entscheidung von Neuem aufzurollen und unser Hirn zu quälen, sondern können lässig unseren inneren Berg an Unerledigtem quasi im Blindflug abbauen, ohne dabei viel Energie oder Zeit zu verschwenden. Klar, das macht unser Leben einfacher. Und es gibt uns das gute Gefühl, heute mal wieder effizient entschieden zu haben. Ich nehme an, unser Hirn funktioniert genau aus diesem Grund so. Aber trickst es uns dabei nicht auch aus? Bringt es uns damit nicht um neue Erfahrungen, die uns vielleicht ganz glücklich gemacht hätten?

> **Wichtig**
> Gönnen Sie doch auch Ihren Entscheidungen mal etwas Abwechslung!

Nun, ich stelle die hilfreiche Funktion der Routine keineswegs infrage. In vielen Lebenslagen erleichtert sie ja unser Leben. Beispielsweise jeden Mittwochmorgen meine häusliche Pflicht des Müllheraustragens existenziell zu hinterfragen oder neu zu interpretieren, enthielte zwar einiges Potenzial an Alltagskomik, würde aber letztlich mich und mein Umfeld hilflos überfordern. Und bei meiner Frau bereits nach wenigen Wochen zu ersten Scheidungsgelüsten führen — nicht zu Unrecht wohlgemerkt. Darum trage ich den Müll Woche für Woche brav aus dem Haus und versuche meinen Entscheidungen anderweitig eine Abwechslung zu gönnen.

Eine Taktik, die man ja auch aus dem Alltagsleben kennt, und die sich durchaus inspirierend auswirken kann.

> **Beispiel**
> Feierabend. Es ist Sommer, die Sonne scheint, der See lädt zum Bade. Statt wie immer auf schnellstem Autobahnweg nach Hause zu düsen und das Abendessen mit meiner Familie gepflegt in der guten Stube zu genießen, schlage ich ein improvisiertes Picknick am See vor.
> Das Resultat: eine Familie, die sich in ungewohntem Rahmen begegnet. Leichtigkeit und Unbeschwertheit ziehen auf und wir haben gefunden, was wir alle immer suchen: ein Stück Urlaub im Alltag. Sogar die Kinder lösen die Hausaufgaben im Schneidersitz mit Lust und Laune, lockt danach doch der Sprung in den See. Proaktiv haben wir Eltern uns nicht nur einen schönen Abend beschert, sondern auch gleich die chronischen Kämpfe rund um die schulischen Pflichten der Kinder vermieden.

Mit überraschenden Ideen lassen sich genau so auch die gewohnten Entscheidungsabläufe des Öfteren austricksen. Das funktioniert privat wie geschäftlich. Dahinter aber sollte nicht Kalkül stehen, sondern die Lust, das zu erleben, was wir wirklich wollen — und danach unsere Entscheidungen zu treffen. Der Kopf argumentiert, der Bauch entscheidet. Aber aufgepasst: Menschen mit großem Bauchumfang haben deswegen noch lange keinen größeren Entscheidungsspielraum.

2.10 Sternzeichen der Entscheider

Ob wir's zugeben oder nicht: Dem Seitenblick aufs Horoskop kann kaum jemand widerstehen und sei es nur fürs Amüsement. Dennoch haben wir uns alle schon dabei ertappt, Entscheidungen aufgrund einer Zeile zu treffen, die uns im Tageshoroskop gerade passend erschien. Wie wir entscheiden, steht demnach auch in den Sternen? Sehr wohl möglich. Mir allerdings scheint, dass jede und jeder ein gewisses Grundmuster in sich trägt, was mich zu einer — nicht ganz ernst gemeinten — Neudefinition der Sternzeichen inspiriert hat. Exklusiv für alle Entscheidungsträger, -fäller und -verweigerer. Was sind Sie?

Spargel
Entscheider, die unter diesem Sternzeichen geboren sind, wollen nur eines: groß herauskommen. Es gilt, ohne viel Anstrengung aus der Menge herauszuragen. Sie drehen sich überall dorthin, wo das (Scheinwerfer-)Licht gerade herkommt. Und sie suchen den Durchbruch, auch schon mal ohne Rücksicht auf Verluste. Selbstredend, dass Entscheidungen so zur Nebensache verkommen, Selbstinszenierung schließlich ist der größte Genuss.

Schneepflug
Sie schieben Entscheidungen vor sich her, bis nicht mehr herauszufinden ist, was oben, was unten, was wichtig und was zu vernachlässigen ist. Weil sie es aber mit so viel Eifer und Erfahrung tun, haben sie trotzdem das Gefühl, sauber aufgeräumt zu haben. Nur um sich zu wundern, warum dann trotzdem immer alles beim Alten bleibt. Unbedingt zu unterscheiden von den Geisterfahrern — diese sind sehr entgegenkommend und überlassen alle Entscheidungen den anderen.

Revolverheld
Diese Spezies schießt frisch und munter aus der Hüfte. Meist mit Halbwissen und Einviertelwahrheiten zielen sie auf ihre Gegner. Macht ja nichts, denn so ist das Gegenüber in der Defensive und versucht nur noch eines: dem Kugelhagel auszuweichen. Dem Gegenüber hilft einzig Ruhe, Gelassenheit — und die Hoffnung, dass der Revolverheld nicht allzu viele Zufallstreffer landet.

Spiegelfechter
Spieglein, Spieglein an der Wand, wer ist der beste Entscheider im ganzen Land? Tja, manchen Leuten geht es nicht um die beste Entscheidung, sondern um ihre Eitelkeit, ihr Ego, der oder die Beste zu sein. Und so wird alles dauernd und in einem fort mit allen möglichen Leuten gespiegelt. Schließlich muss man wissen, was die anderen denken — und gefallen will man ja auch. Kleine Nebenwirkung: extrem lange Entscheidungswege mit Resultaten, die nicht selten verkehrt herum ausgehen.

Metronom
Akribisch sammeln sie Pros und Kontras und lehnen mal zur einen, dann zur anderen Seite. Hin und hergerissen finden sie nicht zu einer Entscheidung, dafür immer noch mehr Argumente, die sie in ihre Liste der »Dafür« und »Dagegen« eintragen können. Wie beim Metronom ist auch hier kaum ein Ende abzusehen. Treibt Mitmenschen in den Wahnsinn.

Einbahnfahrer
Sie zeichnet besonders eines aus: ein loses Mundwerk. Während sie sich und anderen das Gefühl geben, Entscheidungen gemeinsam im Gespräch abzuwägen, tun sie in Tat und Wahrheit nur eines: im Monolog ihre eigenen Argumente zurechtlegen. So fallen Entscheidungen in Hochgeschwindigkeit, die allerdings nur einer Fahrtrichtung genügen: der eigenen.

Glücksritter
Warum die schwere Bürde des Entscheidens selber tragen, wenn man sie doch delegieren kann? Diese Bohemiens der Entscheidungen kokettieren gerne mit dem Schicksal und lassen Würfel, Münze oder Aberglaube über anstehenden Entscheidungen richten. Dieses Vorgehen hat einen nicht zu

vernachlässigenden Vorteil: Man kann seine Hände stets in Unschuld waschen. Musiker hat das bereits zu Welthits inspirierte: »It wasn't me.«

Pendelschwinger
Im gleichen Sternkreis wie der Glücksritter geboren, glaubt aber ans Übernatürliche — und nicht an den Zufall. Weshalb Entscheidungen mit Hellsehern, Pendlern, Kartenlegern, Handlesern und anderen Medien, die über eine Verbindung zur »anderen Seite« verfügen, abgesprochen werden. Teilt die Vorteile des Glücksritters, sieht es aber fatalistischer: Egal was dabei herauskommt, der Weg war vorbestimmt.

Sherpa
Ohne sie läuft nichts, denn sie tragen die ganze Verantwortung — und das nur zu gerne, wie sie betonen. Und so schuften und schwitzen sie, treiben ihre Teams zu Spitzenleistungen an und träumen von der Spitze. Doch oben angekommen, steht ihnen immer jemand vor der Nase, der etwas egoistischer denkt und entscheidet als sie.

Totengräber
Wer andern eine Grube gräbt, ist in aller Regel ein Bauarbeiter. Es gibt sie aber auch als Entscheider. Es sind die ewigen Bedenkenträger, die immer ein Gegenargument finden, unabhängig davon, ob eine Idee Potenzial hat oder nicht. So werden Veränderungen im Keime erstickt und Projekte zu Grabe getragen. Gütesiegel: In ihren Augen haben sie immer recht — was aus ihrer Perspektive ja auch stimmt. Denn so muss jede Veränderung scheitern. Für viele brillante Ideen bleibt einzig die Hoffnung, dass es auch für sie ein Leben danach gibt.

Manipulator
Sie sind zu erkennen an Sätzen wie: »An deiner Stelle würde ich« oder: »Mache ich auch so.« Es sind die ewigen Ratgeber und Einmischer, die es wie kaum jemand anders verstehen, Vertrauen aufzubauen, um dann gnadenlos ihre Meinung zur Entscheidung von anderen zu machen. Es sind Wiederholungstäter, die nur eine Disziplin meist recht schlecht beherrschen: Entscheidungen für sich selbst zu treffen.

Hipster
Die Hipster unter den Entscheidern kennen alle Trends, zeichnen sich durch »Namedropping« aus und folgen allem, was Rang und Namen hat — in ihrer Szene. So sitzt jede Entscheidung unheimlich cool, wirkt entspannt, lässig, entspricht den Tipps des Zeitgeists — und hin und wieder sogar ihren eigenen Bedürfnissen.

Vorhängeschloss
Leicht eingeschnappt, wenn eigene Ideen nicht umgesetzt werden können und somit gegen die Idee (aber nicht gegen die Person) entschieden wird. Diese können auch keine fremden Entscheidungen akzeptieren und mittragen.

Na, haben Sie sich erkannt? Oder sind Sie lediglich erstaunt, dass ich an keinem Entscheidungstyp ein gutes Haar lasse? Aus einem einfachen Grund: Wir alle haben unsere Macken. Und noch wichtiger: Den perfekten Entscheider gibt es nicht, auch wenn wir es immer wieder sein wollen. So ist das Einzige, das mit Sicherheit in den Sternen steht, genau das: Egal was und wie Sie entscheiden, am Schluss werden Sie immer die Person sein, die Sie sind. Je authentischer und ehrlicher, desto besser auch die Entscheidung.

3 Entscheiden — zu Hause und bei der Arbeit

oder: Warum das eine besser geht als das andere

3.1	Die Herren der Erschöpfung	96
3.2	Miss-Entscheidung	98
3.3	Die ganz normale Dreiecksbeziehung	101
3.4	Kinder, die Könige der Entscheidungslücken	107
3.5	Erziehung zum Familienfrieden	110
3.6	Gewohnheiten sind Entscheidungsgarantien — nicht immer zum Besseren	115
3.7	Entscheidungsträger oder -fäller — was sind Sie?	119
3.8	Entscheidungseffizienz durch Vertrauen	122
3.9	Entscheiden als Führungsinstrument	127
3.10	Entscheidungswege, -prinzipien und -taktiken	132
3.11	Einsame Entscheidungen — bis zum Suizid	138
3.12	Auf- statt untergehen — oder wie Sie die Sommerfrische des Entscheidens entdecken	142

3.1 Die Herren der Erschöpfung

Ein normaler Arbeitstag. Drei Telefonkonferenzen, ein Monatsmeeting, drei Besprechungen mit Geschäftspartnern, Business-Lunch, 23 Anrufe, 87 Mails. Was nach Arbeitslawine klingt, ist für Geschäftsleute die reizvolle Aufgabe, ein Unternehmen mit eigenen Entscheidungen aktiv mitzugestalten. Und so geht man(n und Frau) mit einem klaren Ziel in jedes Meeting: Entscheidungen suchen und fällen. Nur so geht's voran, schließlich schläft die Konkurrenz nicht.

Mal rennt man sich die Köpfe ein, mal brennt wem die Sicherung durch, meist aber gelingt es, Gespräche zielführend auf den Punkt zu bringen. Das Resultat: Es wird entschieden — schnell, treffend, zielorientiert. Nach durchschnittlich 14 Arbeitsstunden klettern die gleichen Leute dann in ihre schicken Autos, schlängeln sich abgekämpft durch den Abendverkehr, drücken ihre Liebsten zu Hause zur Begrüßung ans Herz — und es geht eine seltsame Verwandlung mit ihnen vor sich. Aus den sattelfesten Entscheidern werden wankelmütige Zeitgenossen, die von der geballten Entscheidungsflut im Familienkreis nicht selten überfordert sind. Internet-Zeitbeschränkung — oder nicht? Gitarre oder Klavier? Lehre oder Gymnasium? Mallorca oder Toskana? Ja, ja. Zu Hause gibt es viel und Wichtiges zu entscheiden. Verständlich, dass diese Fragen dann gerne mal aufs Wochenende verschoben werden. Dann hat man mal endlich Zeit zum Durchatmen. Und schon haben wir die Bescherung: den privaten Entscheidungsstau. Dass diese Konflikte dann und wann auflodern, mag zur Natur des Zusammenlebens gehören. Spannenderweise aber habe ich das Phänomen beobachtet, das Männer und Frauen in ihrem Wesen grundsätzlich unterscheidet und das solche Zusammenstöße begünstigt.

Frauen haben einen Hang zum sogenannten Sprechdenken — was nicht heißt, dass sie nicht denken, wenn sie nicht sprechen. Wenn jemand sprechdenkt, wird einfach laut gesprochen, was gerade gedacht wird. Die Herren der Erschöpfung dagegen hören nur mit einem Ohr halbwegs zu und interpretieren das Gesagte bereits als Entscheidung. Was gleich die grundsätzlichen Reflexe der Entscheidungsfindung auslöst: Zustimmen oder ablehnen? Sich fügen oder rebellieren? Denn jetzt ist eine Meinung gefordert — denken jedenfalls die werten Herren der Leistungsgesellschaft.

Und rasseln mit wehenden Fahnen in die Krisengebiete des Familienverbundes. Dabei war das Gesagte gar keine Entscheidung, sondern einfach nur mal so gedacht. Laut eben — für alle hörbar.

> **Beispiel** !
>
> Der zwölfjährige Sohn sitzt mal wieder wortlos und ohne die Miene zu verziehen hinter dem leuchtenden Monitor des Tablets, statt am Familienleben teilzunehmen. Dass dieser fromme Elternwunsch schon vor Jahrzehnten Teenagern nicht einmal ein müdes Lächeln abgerungen hätte, sei hier mal elegant ausgeklammert. Jedenfalls hat einer der Erziehungsberechtigten die Schnauze voll und poltert: »Deinem Sohn täte eine Internet-Auszeit gut.«
> Ob Müdigkeit oder das schlechte Gewissen, zu selten zu Hause zu sein, eines von beiden lässt den Partner hochschnellen und verführt ihn zu mechanischen Entscheidungen, die er vermeintlich von sich gefordert fühlt: »Schluss jetzt, Sohnemann. Tablet weg, für den Rest der Woche gibt's keine Internet-Zeit mehr.«
> Was folgt, ist das übliche Familiendesaster. Sohn flippt aus, Mutter beschwichtigt, Tochter nutzt die Gunst der Stunde für eine neue Forderung. Vater verliert die Fassung, Tochter weint. Mutter auch. Sohn verzieht sich aufs Zimmer. Endlich Ruhe, nur leider keine, die sich genießen lässt.

Wir alle kennen diese oder ähnliche Situationen, in deren Folge der Haussegen schief hängt. Und bei der klärenden Diskussion stellt sich dann heraus, dass die Frau Gemahlin lediglich wollte, dass das Gerät während des Abendessens weggelegt werden sollte. Nun gut. Man versöhnt sich, schwört Besserung — bis zum nächsten Mal. Und die Moral der Geschichte?

Sprechdenken ist eine brillante Form, sich auf Entscheidungen vorzubereiten. Aber, liebe Herren der Schöpfung, es sind keine Entscheidungen, sondern lediglich Denkanstöße, die es wert sind, diskutiert zu werden. Entscheidungswut ist hier fehl am Platze. Aber hütet euch zu Hause, insbesondere übermüdet, vor eurer Entscheidungswut.

Und liebe Daheimgebliebenen: Erwartet abends nicht die Energiebündel, die frühmorgens das Haus verlassen haben. Mit diesen Einsichten lässt sich der Feierabend genießen. Und durchaus auch als geeignete Entscheidungsplattform nutzen.

Apropos frühmorgens — jeder entscheidet anders. In unserer Straße ist ein Paar zugezogen. Der Mann gibt seiner Frau jeden Morgen einen Kuss, bevor er das Haus verlässt. Meine Frau meinte kürzlich »Das könntest du doch auch — oder nicht?« Meine Antwort als Morgenmuffel war die falsche: »Ich kenne seine Frau doch gar nicht.« Gab meiner Frau einen Kuss und verließ das Haus wie gewohnt.

3.2 Miss-Entscheidung

Entscheiden Frauen anders als Männer? Die Wissenschaft ist sich uneinig, vielleicht ja auch, weil Mann sich gerne politisch korrekt gibt. Denn das Klischee will es so: Frauen und ihre Denkweise bleiben für uns Männer ein unergründliches Mysterium. Umgekehrt gilt Gleiches, wird jedoch nicht selten ins Lächerliche gekehrt. So sollen wir viel einfacher gestrickt sein, sowieso nur immer an das Eine denken und daran auch unsere Entscheidungen aufhängen. Also bitte. Nur gerade 19-mal pro Tag, das ist statistisch belegt, denken wir an Sex. Aber, liebe Frauen, ihr steht uns da in (fast) nichts nach. Immerhin zehnmal soll euch das täglich durch den Kopf gehen — behaupten jedenfalls Wissenschaftler. Dennoch halten sich hartnäckig die Gerüchte: Der Mann will Sex, die Frau hat Kopfweh. Weshalb man heute von sexueller Harmonie spricht, wenn beide Kopfschmerzen haben. Spaß beiseite. Was mich an diesen Plattitüden am meisten überrascht: Dass wir auch im neuen Jahrtausend noch immer so denken wir vor Hunderten von Jahren. Das übrigens ist nicht bloß eine Behauptung.

Im 19. Jahrhundert betrug die durchschnittliche Lebenserwartung für Männer rund 35, für Frauen 38 Jahre. Heute dagegen werden Männer durchschnittlich 76 und Frauen 82, also mehr als doppelt so alt. Trotzdem denken und handeln wir, als ob nichts passiert wäre. Besonders davon betroffen ist die Institution Ehe: »Bis dass der Tod euch scheidet« hat heute wesentlich weitreichendere Folgen und sollte uns dementsprechend schwerer über die Lippen kommen. Eine Anpassung des Zusammenlebens wäre durchaus eine Option. In der Wirtschaft jedenfalls führen veränderte Rahmenbedingungen unweigerlich zu neuen Lösungen.

Was aber macht der Mensch? Mann und Frau treffen sich noch immer glückselig vor dem Traualtar, um bereits wenige Jahre nach ihrem »Ja, ich will« nichts mehr davon wissen zu wollen. Die Scheidungsraten schießen in die Höhe — was wohl nur daran liegt, dass die Trennung im 19. Jahrhundert rein biologisch früher und auf natürliche Art und Weise vollzogen wurde. Haben wir deswegen unser Zusammenlebensabkommen den neuen Umständen angepasst? Nicht die Bohne.

Witze über Verliebte und Verheiratete gibt es bekanntlich reichlich — wobei Männer und Frauen über ganz unterschiedliche Pointen lachen. Der größte Witz aber ist, dass beim Ideal der romantischen Liebe noch heute ein antiquiertes Modell verehrt wird: Romeo und Julia. Seien wir mal ehrlich: Warum sollte uns eine Geschichte über eine platonische Liebe, die im kollektiven, wenn auch zeitverzögerten Suizid endet, heutzutage zu glücklichen Beziehungen inspirieren? Wenn das der Anspruch an »wahre Liebe« ist, liegt der Grund für die hohen Scheidungsraten vielleicht einfach an einer veralteten Geisteshaltung.

3.2.1 Bis dass unser Gehirn entscheidet

Die Zeiten also haben sich geändert, unsere Denkmuster dagegen kaum. Sie werden einwenden, dass wir heute durchaus ein neues Modell des Zusammenlebens kennen: das der Lebensabschnittspartner. Korrekt, aber Hand aufs Herz, auch beim zweiten, dritten oder vierten Versuch suchen wir noch immer das Gleiche: das ewige Glück, das wir uns mit dem gleichen Partner versprechen — in meinem Bekanntenkreis tun dies immer mehr Männer in den Wechseljahren mit einer neuen Freundin, statt mit der ehemals Angetrauten.

Nun will ich hier aber nicht über neue Formen des Zusammenlebens nachdenken, sondern das Konfliktpotenzial entschärfen, das aus dem unterschiedlichen Denken und Handeln von Männern und Frauen entsteht. Schließlich bin ich ein praktisch denkender Mensch, der zuerst die anstehenden Probleme lösen und dann die Utopie anpacken will. Darum die Frage: Sind Männer und Frauen wirklich so unterschiedlich, wie es uns das eingangs erwähnte Beispiel glauben machen will? Nun, die einen Wissenschaftler bejahen es, andere lehnen es wiederum entschieden ab. Hilfe aus dieser Ecke ist also für unsere Frage nicht zu erwarten.

Darum ziehe ich mein eigenes Fazit. Für alle, die in Mann-Frau-Beziehungen leben, gibt es nur eines: Wir müssen uns arrangieren. Wie aber unterscheidet sich das von den ganz gewöhnlichen Konflikten, die wir beispielsweise unter Arbeitskollegen zu lösen haben? Ich denke, Dringlichkeit und Ego sind anders.

Während ich meinen Kollegen nach Feierabend locker und lässig »Tschüss« sagen kann, ob wir nun gerade auf der gleichen Wellenlänge schwimmen oder nicht, fällt das zu Hause schwerer. Schließlich wache ich am nächsten Tag auf, ohne dass sich die Differenzen verflüchtig hätten. Ich muss das Problem also lösen, will ich nicht mittel- bis langfristig zu den 50 Prozent gehören, die das Glück in den Armen eines wechselnden Lebensabschnittspartners suchen.

Das bringt mich zum Ego, dem weitaus größeren Problem. Denn viele von uns schreiten mit dem Irrglauben durchs Leben, bei jeder Diskussion recht behalten zu müssen. Sie kennen diese Situationen aus eigener Erfahrung: Wir streiten und fetzen uns mal wieder, kein Auge bleibt trocken. Warum, haben wir im Laufe der Auseinandersetzung schon fast vergessen. Wir treiben uns gegenseitig in die Ecke, bis es kein Zurück mehr gibt. Und dann kommt sie, die Gretchenfrage: Wer macht den ersten Schritt zum Friedensangebot? Oftmals sind wir dabei gefangen in unseren eigenen Gedanken: »Nicht schon wieder ich«, »Ich gebe nicht nach«, »Ich habe doch recht.«

Die Unfähigkeit, über den eigenen Schatten zu springen, führt konsequent zu Ende gedacht und gehandelt zu einer gesetzlichen Entscheidung. Genau genommen aber hat es nur mit einem zu tun: dem ewigen Drang, unser Ego zu polieren. Seien wir ehrlich: Eine Entscheidung zurückzunehmen, den ersten Schritt zu machen, um eine Beziehung zu kitten, empfinden viele als Niederlage oder schlimmer noch als Gesichtsverlust. Darum verzichten dann auch viele darauf und stellen auf stur. Nicht, dass ich Sie dazu anhalte, Ihren Standpunkt nicht mehr zu vertreten. Ganz im Gegenteil. Aber fragen Sie sich, wem Ihre Argumentation gerade dient: der Lösung eines Konflikts oder nicht viel eher Ihrem Ego, das mal wieder recht haben muss?

Bei Entscheidungen wie diesen frage ich mich darum immer kritisch: Dient mein Handeln meinem Ego — oder der Liebe? Was ist größer, was wichtiger?

Ich meine, wenn wir es schon nicht schaffen, unser Zusammenlebensmodell über die Jahrhunderte zu ändern, sollten wir zumindest unsere Denkmuster öffnen, entlüften und von hinderlichen Dingen wie überhöhten Egos befreien. Und das gilt für Männer wie für Frauen gleichermaßen. Grundsätzlich empfiehlt es sich auch hier: nicht zu lange überlegen. Und vor allem: Nehmen Sie sich nicht zu ernst. Aber aufgepasst: Wie immer im Leben ist Timing alles. Manchmal lohnt es sich, erst mal durchzuatmen, abzuwarten und Disharmonie auszuhalten. Das hängt immer auch davon ab, auf welcher Temperatur das Gegenüber gerade kocht. Denn wie weiß der Volksmund doch so schön: Suppen werden nicht so heiß gegessen wie gekocht.

3.3 Die ganz normale Dreiecksbeziehung

Bei diesem Titel werden Sie hellhörig, nicht? Und bei manchen wird wohl bereits die Fantasie angeregt. Leider muss ich Sie enttäuschen. An dieser Stelle ist nicht die Rede von sexuellen Erfahrungen jenseits der Konventionen, sondern von der ganz normalen Beziehung zu Hause, in der alle stecken, die eine Familie haben. Denn kaum hält ein Paar seinen Nachwuchs stolz in den Armen, ist es aus, Schluss und vorbei mit der trauten Zweisamkeit. Mehr noch: Die Existenz als Paar ist nur noch unter höchst widrigen Umständen aufrechtzuerhalten. Denn aus der Zweierbeziehung wird ein Dreieck, das höchst selten gleichschenklig funktioniert. Der Nachwuchs zieht alle Aufmerksamkeit auf sich. Die romantischen Momente, die Schmetterlinge im Bauch fliegen lassen, werden seltener und seltener. Bis man Schmetterlinge nur noch aus Zoobesuchen oder Dokumentarfilmen für die Kinder kennt. Auch schön, aber anders. Und so ist genau dieses Spannungsfeld ein faszinierendes Gebiet für die Analyse der Entscheidungsfindung, wenn drei oder mehr Menschen involviert sind.

Vorab sei gesagt, dass es wahrscheinlich nur einen Lebensbereich gibt, in dem selbst große Skeptiker und Risikoverweigerer sich selbst untreu werden: das Kinderkriegen. Die einen mögen es »Überlebensinstinkt« nennen, andere »soziale Gepflogenheit« oder »biologische Uhr«. Tatsache ist, dass wir Menschen evolutionsbedingt irrational handeln. Wir denken kurzfristig und tendieren dazu, uns selbst zu überschätzen. Sprich: Wir blicken durch die rosa Brille und sehen anfänglich kaum, was an Beschwerlichkeiten auf uns zukommt. Oder kennen Sie jemand, der beim Akt der Zeugung an streng riechende Windeln, Geschrei von zahnenden Babys oder Stress mit der Polizei nach Teenager-Streichen denkt? Nun gut. Was voller Fürsorge für die Kleinen zwischen den beiden Großen beginnt, endet schließlich beim Auszug der mittlerweile erwachsenen Kinder. Und dem Blick auf den Lebenspartner, an den man sich optisch zwar gewöhnt hat — und dennoch kaum mehr kennt.

Dazwischen liegen viele Entscheidungen, die man so oder so fällen kann.

3.3.1 Namensgebung & Co.

Es beginnt damit, dass Sie Ihrem Kind einen Namen geben. Die Auswahl ist groß und was haben Kevin, Amélie, Annika und Sam gemeinsam? Sie wurden alle von Strömungen vorgegeben, in diesen Fällen von beliebten Filmhelden. Ganz nebenbei: Das ist ein köstliches Quiz, das Sie mit Ihren Freunden an verschneiten Winterabenden spielen können. Wer dann noch weiß, dass Annika Pipi Langstrumpfs liebste Freundin war, trumpft dabei groß auf. Hätten Sie es gewusst?

Zurück zur Entscheidung, wie Sie Ihr Kind beim Namen nennen. Das hat Langzeitwirkung, der Sie sich vielleicht nicht bewusst sind. Denn Vornamen wecken, ob wir es wollen oder nicht, Assoziationen und Erwartungen bei unseren Mitmenschen, die Ihrem Kind in die Hände spielen können — oder eben nicht. Wenn wir beispielsweise von einer Susi lesen oder hören, stellen wir uns ein Girl vor, das bestens ins Blondinen-Klischee passt: attraktiv, aber nicht besonders intelligent. Flattert dagegen eine Stellenbewerbung von einer Sophie auf den Tisch, erwarten wir eine wahre Intelligenzbestie. Da kann Alexander mithalten, von dem aber sind sportlich wohl keine Höhenflüge zu erwarten.

Ganz schön unfair, aber es ist nun mal so: Wir vorverurteilen Menschen, ohne sie gesehen, geschweige denn getroffen zu haben. Der Name alleine scheint uns eben viel zu verraten. Das hat nicht zuletzt mit der Unterhaltungsindustrie zu tun — man denke nur an Kevin. Wer einen davon trifft, erwartet insgeheim Charakterzüge, wie wir sie aus dem Kultfilm »Kevin – Allein zu Haus« kennen. Natürlich sind diese Eindrücke individuell. Wer beispielsweise seine ersten Schritte im Liebesleben mit einer Julia oder einem Bruno gemacht hat, kann das, je nach Ausgang, gut oder eher belastend empfinden, wenn er oder sie Namensvettern von ihnen kennenlernt. Dagegen ist nichts zu machen. Wohl aber gegen Namenskombinationen, die ihren Kindern einen schweren Stand im Leben geben. Wir wollten ursprünglich unsere Erstgeborene Adele taufen. Ein Name, der uns lange vor dem Höhenflug der gleichnamigen Sängerin gefiel. Glücklicherweise las ich in jenen Tagen von einem Paul Ahner, was mich veranlasste, unseren Wunschnamen mit meinem Nachnamen zu kombinieren. Und siehe da: Adele war gleich raus aus dem Rennen. Denn einem Kind, das in der Schule mit »Frick, Adele« aufgerufen wird, ist eines sicher: der Hänseleien der Mitschüler. Da war uns klar: Unser Kind sollte nicht das Schicksal von Bob Fahrer, Axel Schweiß, Lisa Bonn, Ellen Lang, Rainer Zufall und Konsorten erleiden (diese Namen gibt es übrigens alle wirklich). Darum eine weise Entscheidung: Geben Sie einen Namen, der Ihnen gefällt — und der Kindern in der Schule keinen Anlass zu kreativen Spielereien gibt. Ihr Nachwuchs wird es Ihnen danken.

3.3.2 Raus aus dem Überlebensmodus

Aber zurück zur Dreiecksbeziehung. Sind Sie mal da, die Kleinen, fordern Sie unsere ganze Aufmerksamkeit. Wir umsorgen sie, beschützen sie, fördern sie, machen mit ihnen Hausaufgaben, fahren sie zu ihren Freizeitaktivitäten und schauen ihnen dabei auch noch zu. Kurzum, wir wissen immer und jederzeit, wo und was unsere Lieben machen. Selbst auf dem Computer finden wir über den Verlauf der aufgerufenen Internetseiten heraus, was unsere Kinder gerade beschäftigt. Daran ist nichts falsch. Was aber dabei passiert, ist, dass wir unsere Kinder vor uns und die Bedürfnisse unserer Beziehungen stellen. Als wäre die Kindererziehung ein Programm zur Selbstfindung und Selbsterfüllung. Das war nicht immer so. Zu meiner Zeit wussten Eltern höchstens, wann die Kinder wieder nach Hause kamen. Wo wir unseren Unsinn trieben, blieb ihnen verborgen. Vielleicht hatten sie andere Sorgen, Interessen oder Prioritäten — oder einfach nur mehr Vertrauen in den Nachwuchs?

Natürlich ist unsere Welt komplizierter, herausfordernder und ein Stück weit gefährlicher geworden. Manchmal aber frage ich mich, ob es unsere Elterngeneration — mich inklusive — mit der Aufmerksamkeit nicht übertreibt? Denn die Überfürsorge gibt's nicht gratis. Sie geht meist auf Kosten einer gelebten Beziehung. Zumal Kinder sehr geschickte Manipulatoren sind und viele Entscheidungen zu beeinflussen wissen. So entscheiden heute nicht mehr die Eltern, wohin die Ferien gehen, was auf den Tisch kommt und wann sie zusammen einen freien Abend verbringen. Diese Entmündigung nennen wir dann Liebe — und empfinden das ja auch so. Was das Ganze nicht einfacher macht — und schlussendlich tanzen wir nach der Pfeife der Kinder. Hier gilt die bewusste Regelung: Rotierende Helikoptereltern sollten einen gemeinsamen Landeplatz suchen und in Ruhe die weitere Vorgangsweise besprechen.

Weil wir wissen, dass wir unsere Interessen zurückstecken müssen, kriegt jeder Partner, quasi als Kompensation, einen eigenen »Ausgangstag«. Dabei haben wir endlich mal wieder Zeit und Raum, durchzuatmen. Er geht dann mit seinen Kollegen Fußball spielen oder auf Kneipentour. Sie trifft ihre Freundinnen zu Kaffee, Klatsch oder Kino. Im Zeitalter der Emanzipation funktionieren diese Freizeitprogramme natürlich auch umgekehrt. Fakt aber ist: Wir verbringen die knappe »Quality Time«, wie sie die Amerikaner so treffend nennen, allzu häufig nicht mit unseren Partnern. Man sieht sich ja jeden Tag und braucht auch etwas Raum für sich alleine. Stimmt. Aber die Beziehung selbst funktioniert im Überlebensmodus, was natürlich nicht halb so sexy ist wie die Versuchung, das vernachlässigte Ego in Internetchats mit Leuten aufzupolieren, die in unserer Fantasie wie George Clooney oder Sandra Bullock aussehen — und nicht wie die Normalos, die in Tat und Wahrheit am anderen Ende des Kabels sitzen.

Das Phänomen funktioniert — in der Anlage, nicht in der konkreten Ausgestaltung — sehr ähnlich wie im Berufsleben: Triviales hält uns so sehr auf Trab, dass wir für Essenzielles und Existenzielles weder Zeit noch Energie haben.

3.3.3 Das Überlebensprogramm für Eheleute

Jede Beziehung ist Arbeit. Und entgegen dem Klischee vertieft sich eine Liebesbeziehung auch nicht zunehmend progressiv. »Ich liebe sie/ihn mit jedem Tag mehr«, ist eine Floskel, die sich Drehbuchautoren ausdenken dürfen, die aber mit der Realität wenig zu tun hat. Denn in Wahrheit entstehen Liebesgefühle jeden Tag von Neuem. Wer sie für gegeben hält, begeht bereits einen fundamentalen Fehler. Erst recht, wenn eine Beziehung unter den Dauerstress und Dauereinfluss von heranwachsenden Rabauken gerät, denen wir keinen Wunsch abschlagen können. Dagegen gibt es kleine, aber feine Tricks, die jedes Eheleben bereichern, ohne dass Sie gleich eine echte Dreiecksbeziehung beginnen müssen.

Eltern-Feierabend
Eine Regel, die Ihre Kinder in den ersten Tagen auf die Palme treibt, die sie aber sehr schnell akzeptieren werden. Und das geht so: Wenn der arbeitende Partner nach Hause kommt, werden die Kinder umarmt und geküsst. Dann aber ist »Feuerpause«. Denn die ersten 15 Minuten zu Hause gehören dem Partner alleine. Dazu verbannen Sie Ihre Kinder aus dem Raum, in dem Sie sich gerade befinden. Setzen Sie sich also beispielsweise in die Küche, gönnen Sie sich ein Glas Wein, ein paar Oliven – und ein gutes Gespräch mit Ihrem Partner über das, was Sie am Tag beschäftigt hat. Denn die nächstbeste Gelegenheit dazu bietet sich Ihnen in aller Regel erst wieder, wenn Sie erledigt im Bett liegen. Dann aber fehlt Ihnen die Energie dazu. Der »Eltern-Feierabend« tut übrigens nicht nur den Großen gut. Denn die Kinder merken rasch, dass Eltern danach ruhiger und weniger gestresst sind – und ihnen plötzlich die ungeteilte Aufmerksamkeit zuteilwird.

Date Night
Endlich ist es mal wieder soweit: Sie verbringen einen Abend zusammen. Dazu gehen Sie in Ihr Lieblingslokal. Das Essen schmeckt köstlich, aber die Kerzen sind das Einzige, das noch knistert. Wen wundert's. Achten Sie mal darauf, worüber Sie sprechen. Ohne Sie zu kennen, wette ich darauf, dass sich Ihre Gespräche um Kinder, Beruf, Geld und versäumte Haushaltpflichten drehen. Hätten Sie bei diesen Themen je geflirtet, als Sie noch keine Kinder hatten? Oder sich darüber gar Hals über Kopf in Ihren Partner verliebt? Eben. Deshalb bestimmen Sie für Ihre Rendezvous Tabuthemen. Über

Kinder, Haushalt, Arbeit und Geld spricht man nicht. Ich verspreche Ihnen: Der erste Abend wird ein Fiasko. Denn Sie werden sich den Gesprächsstoff aus den Fingern saugen müssen. Aber bleiben Sie dran — und Sie werden den zauberhaften Menschen wieder finden, für den Sie sich einst entschieden haben.

Morgenstund
Eins ist klar: Wenn der Haushalt erwacht, dreht sich alles um die Kleinen. Frühstückmachen, die Kinder aus den Federn und zeitig in die Schule bringen, erfordert alle Energie und Aufmerksamkeit. Und danach geht der Stress bei der Arbeit gleich weiter. Darum: Nutzen Sie die einzige Pause, die sich Ihnen bietet, für einen bewussten Start in den Tag: Die fünf Minuten, die Sie alleine im Bad verbringen, eignen sich hervorragend dafür. Was sind Ihre Ziele, Ambitionen, Pläne für heute? Für was sind Sie dankbar? Und denken Sie dabei nicht nur an Ihren Beruf. Nehmen Sie sich etwas vor, das Ihre Beziehung stärkt. Beispielsweise, Ihrem Partner auf dem Heimweg einen Blumenstrauß mitzubringen. Einfach so.

Wer diese drei einfachen Regeln in sein häusliches Familienleben implementiert, wird viel Spaß und vor allem eine Dreiecksbeziehung zu Hause haben, die funktioniert. Ganz wichtig: Trotzt selbst gewählten Einschränkungen transferieren Sie so keinen Groll auf die Kinder. Die ihrerseits können sich nach Lust und Laune zwischen Ihre Partnerbeziehung mischen. Denn Sie beide wissen: Bereits an Ihrem Eltern-Feierabend »gehören« Sie wieder nur sich selbst.

Diese Ideen stammen aus Gesprächen mit bereits in Scheidung lebenden Bekannten auf die Frage »Wie kam es dazu und wie hätte sich diese Ent-Scheidung vermeiden lassen?« Ob geschieden auch gescheiter oder gescheitert heißt, diese Frage blieb offen.

Meine Ent-Scheidungs-These: Es gehören immer drei dazu: Unzufriedenheit in der Beziehung, die sich bietende Versuchung und du selbst.

3.4 Kinder, die Könige der Entscheidungslücken

Cicero sagte einst: »Ein Sklave, der zwei Herren dient, ist ein freier Mann.« Nicht, dass unsere Kinder Sklaven wären, aber die Mechanik hinter Ciceros Beobachtung entdecken sie meist rascher, als es Eltern wahrhaben wollen. Denn der Nachwuchs merkt sehr schnell, dass es einen »entscheidungsfreien Raum« gibt. Wenn Verantwortung und Entscheidungskompetenz nicht geregelt sind, lassen sich die vermeintlichen Entscheider nach Belieben manipulieren. Übrigens nicht nur in der Erziehung. Aber das Phänomen ist bekannt: Kinder wissen genau, bei welcher Fragestellung sie sich an wen wenden müssen. An Mama, Papa oder an die lieben Großeltern. So gelingt ihnen das, was wir uns alle wünschen: eine Entscheidung, die ganz nach dem eigenen Gusto ausfällt.

Wenn der Nachwuchs dieses Spiel anzettelt, führt das in aller Regel zuerst zu Zwistigkeiten bei den Eltern, während die Kleinen die Unschuldslämmer mimen. Durchschauen die Großen einmal das Spiel, triumphiert schnell die Einsicht, dass Eltern sich besser austauschen und mit geeinter Stimme entscheiden. Denn nur so lassen sich Entscheidungslücken schließen. Selbstkritische Menschen sehen in diesem Erlebnis aber noch etwas anderes: eine Gratis-Einschätzung aus kompetenter Hand, die uns unmissverständlich offenbart, was für ein Entscheidungstyp wir nun eigentlich sind.

Schnellentscheider
Impulsiv, instinktiv und vorwiegend mit dem Bauch erfassen Schnellentscheider Kontexte – und entscheiden aufgrund ihrer moralischen und ideologischen Grundätze ohne langes Zaudern. Das macht sie selten offen gegenüber neuen Dingen, denn dazu fehlen ihnen schlicht die Erfahrungswerte, auf die sie sich bei ihren Entscheidungen beziehen. Das macht berechenbar. Denn: Je besser wir Schnellentscheider kennen, umso weniger Überraschungen werden sie uns zu bieten haben.

Kinderfazit: »Auweia. Den brauchst du nur bei Entscheidungen zu fragen, bei denen sogar du die Antwort schon weißt.«

Konsensentscheider
Harmoniebedürftig versuchen sie stets allen gerecht zu werden. Fein säuberlich berücksichtigen sie alle Parameter und wachen sorgfältig darüber, nur ja niemanden vor den Kopf zu stoßen. So machen sie nimmermüde und unendlich liebenswürdig einen Plan. Und finden für jeden und alles eine Kompromisslösung, die im besten Fall hochdemokratisch ist: Alle sind damit gleich unzufrieden. Nicht zuletzt, weil sie auch sich selbst meist vergessen.

Kinderfazit: »Perfekt. Den wickeln wir immer um den Finger.«

Ausgewogene Entscheider
Sie wägen die Dinge von allen Seiten ab, berücksichtigen die Bedürfnisse aller Beteiligten und wissen auch, Kopf und Bauch in Einklang zu bringen. Erst wenn sie eine optimale Lösung gefunden haben, entscheiden sie. Präzis und messerscharf.

Kinderfazit: »Unmöglich! Unmöglich, die zu manipulieren. Und unmöglich, eine schnelle Entscheidung zu erzwingen. Aber immerhin, sie sind stets fair — und zum Glück: höchst selten.«

Gespaltener Entscheider
Artverwandt mit den Konsensentscheidern tun auch sie sich nie leicht mit Entschlüssen. Dafür gibt es für alles zu viele Pros und Kontras, die ihre Berechtigung haben. Zudem ist zwischen Kopf und Bauch abzuwägen. Was ist nun wichtiger? Ach nein, noch eine Entscheidung, die so leicht nicht zu fällen ist. Was gleich zeigt: Prioritäten zu setzen gehört zur Lebensaufgabe aller gespaltenen Entscheider. Das macht sie zu wahren Entscheidungsstau-Profis.

Kinderfazit: »Uiuiui. Um die machen wir einen großen Bogen. Das kann ja ewig dauern, bis wir mal eine Entscheidung haben.«

3.4.1 Wer zu Hause bestimmt — und warum

Allen Ernstes: Nutzen Sie die Kompetenz Ihrer Kinder. Beobachten Sie, bei welchen Entscheidungen sie zu Ihnen kommen. Und wann sie Ihren Partner konsultieren? Oder warum sie sich über Ihre Entscheidungen ärgern. Mit diesen Beobachtungen können Sie Ihre Entscheidungskompetenz leicht analysieren — und optimieren. Das müssen Sie auch, denn zu Hause haben Sie, falls Sie in einer Familie leben, längst nicht mehr das Sagen. Sie werden jetzt verwundert die Augenbrauen in die Höhe ziehen. Aber es ist nun mal so: Kinder bestimmen immer mehr. Was Erwachsene kaufen, was sie tragen, was sie machen. Die Liste wäre fast endlos weiterzuführen. Denn Studien beweisen, dass sie selbst Dinge mitentscheiden, zu denen sie weder berechtigt noch qualifiziert sind. Beispiel Auto. Farbe, Inneneinrichtung und Monitore für die Rückbank sind noch Entscheidungspunkte, die zu erwarten wären. Aber die Kleinen stellen auch sicher, dass sie bei ihren Mitschülern nicht in einer Kutsche vorgefahren werden, mit der sie sich schämen müssten. Computer, Laptops und Smartphones sind noch so eine Domäne, bei der sie mehr und mehr die Fäden in den Händen halten. Auch was Eltern anziehen und welche Geräte im Haushalt den Ton angeben, bestimmt überdurchschnittlich oft der smarte Nachwuchs. »Sie sind da einfach näher dran«, entschuldigen Erwachsene das Verhalten. Noch mehr bestimmen nur noch Scheidungskinder. Erstens bieten sich ihnen gleich zwei »Handlungsebenen«. Und mit den schlechten Gewissen der getrennten Eltern lässt es sich noch leichter spielen.

3.4.2 Kinder an die Macht? Längst Realität.

1986 sang Herbert Grönemeyer »Kinder an die Macht«. Amüsiert wippten wir im Takt und dachten: »Klasse, aber Utopie«. Weit gefehlt. Denn heute entscheiden Jugendliche und Kinder mit ihrem Verhalten auf den sozialen Plattformen über Erfolg oder Misserfolg von so manchen Stars und Produkten. Justin Bieber beispielsweise verdankt Aufstieg und Reichtum einer minderjährigen Fangruppe, die den Kerl so hartnäckig pushte, bis er der breiten Öffentlichkeit nicht mehr zu verheimlichen war. Gerüchteweise wird auch erzählt, dass die gleiche Zielgruppe kostenlos Produkte geschenkt kriegt, wenn sie in ihren Foren positiv darüber berichtet — und so bei ihren

Kolleginnen und Kollegen Stimmung macht. Natürlich bestreiten Firmen vehement dieses Vorgehen, aber Insider wissen, dass heute genau auf diese Weise Hits und Bestseller produziert und lanciert werden.

Wie gehen wir damit um? Bewusstsein ist die halbe Miete. Und die andere Hälfte? Führen Sie Ihre Kinder sorgfältig zur Einsicht, dass auch sie ihrerseits manipuliert werden. Von ihren Peer-Gruppen, von sozialen Plattformen, von Marken, Werbung und TV-Formaten. Und helfen Sie ihnen, Werte zu schätzen, die nachhaltig etwas zählen. Das sind zwar selten jene, die unmittelbare Luststeigerung versprechen, aber immer die, die uns auf Kurs halten. Und uns zu den ausgewogenen Entscheidern machen, die wir gerne sein möchten.

3.5 Erziehung zum Familienfrieden

Man muss das Kind einfach mal beim Namen nennen: Wir erziehen unseren Nachwuchs zum (Familien-)Frieden. Das ist an und für sich ja eine feine Sache. Werte wie Respekt, Akzeptanz, Einfühlungsvermögen und Dankbarkeit sind die Basis für ein friedliches Dasein. Nur so können unterschiedlichste Charaktere Seite an Seite leben. Für den Familienfrieden aber wird viel gefordert — und geopfert. Zu viel? Ein sehr feinfühliger Philosoph unserer Zeit, ich glaube es war Mike Tyson, brachte es einmal treffend auf den Punkt:

Kinder sind nur brav, wenn sie so sind, wie wir sie wollen.

> **! Beispiel**
>
> Halten Sie es aus, wenn Ihre Kinder Ihnen widersprechen? Dinge tun, die Sie nicht verstehen? Mein Sohn verkaufte vor wenigen Tagen seine GoPro-Kamera, die er sich sehnlichst zu Weihnachten gewünscht hatte. Jetzt aber musste Cash her, also ging das Gadget auf eine gängige Versteigerungsplattform. Drei, zwei, eins — nicht mehr seins. Für mich, der mit ganz anderen Werten, Umständen und einer anderen »Normalität« aufwuchs, unverständlich. Das ist das eine. Das ganz andere: Wie gehe ich damit um? Innerlich brodle ich. »Undankbar«, ist ein Wort, das mir durch den Kopf schießt.

Manchmal aber gelingt es mir, Dinge in den Kontext meiner Kinder zu setzen. Die Generation Z hängt weniger an Materiellem, erkennt darin keine Statussymbole, wie wir es taten und tun. So gesehen, ist das ja eigentlich eine gute Sache. Nur, kann ich mich dazu entscheiden, das auch bei meinem Sohn zu akzeptieren, der gerade gegen meine Wertvorstellung verstoßen hat? Um ganz ehrlich zu sein: Es ist jedes Mal eine Herausforderung. Denn durch meine Hirnwindungen schnellt ein Mechanismus, der in etwa so abläuft:

- Schritt 1: Geht ja gar nicht. Er muss das tun, was ich für richtig befinde.
- Schritt 2: Hm, warum tut er das nur?
- Schritt 3: Aha, andere Werte.
- Schritt 4: Die Überlegung: Finde ich das gut, weil's dann keinen Krach gibt? Finde ich es wirklich gut? Finde ich es total daneben?
- Schritt 5: Die Entscheidung: Konfrontation — oder Familienfrieden?

Im Fall der GoPro schwang das Pendel zur Seite meines Sohnes. Um ganz ehrlich zu sein: dem Frieden zuliebe. Noch so ein Beispiel:

> **Beispiel**
>
> Sonntagabend — bei uns Zeit für ein Familienritual: Wir versammeln uns vor der Kiste und lassen uns von der neuesten »Tatort«-Ausgabe fesseln. Davor jeweils kurz die Frage an unsere vier Teenager: »Alle Hausaufgaben gemacht?« Auweia, eine Frage mit viel Sprengkraft, deren Antwort wir insgeheim kennen. Was nun: Familienritual sausen lassen — oder großzügig das Zusammensein genießen? Die Reaktion fällt geteilt aus. Mama und Papa sehen das nicht immer gleich.
> Das gilt auch, wenn die Tochter morgens um halb sieben das Haus verlässt, in einem Outfit, das nicht ganz den elterlichen Vorstellungen entspricht. Papa sagt dann nichts, weil er sich denkt: »Sie weiß schon, was sie tut.« Die sogenannte Helikopter-Mama rotiert, wirbelt Staub auf — und beschwert sich schließlich beim Vater, wenn die Tochter durch die Türe geschritten ist: »Du setzt dich nicht durch.«

Solche Szenarien sind natürlich herausfordernd. Fürs Familienleben, für die Eltern-Kinder-Beziehung — und erst recht für eine Partnerschaft. Denn dabei prallen zwei verschiedene Wertvorstellungen aufeinander. Die Mama will ihr Küken beschützen, der Papa glaubt und appelliert an Selbstverantwortung. Macht er dabei aus der Not eine Tugend? Worauf ich hinauswill, zeigt ein weiteres Beispiel:

> **Beispiel**
>
> Abends, nach einem langen Arbeitstag, komme ich nach Hause. Und stehe unvermittelt mitten in einem Krisengebiet. Der Nachwuchs will nicht so wie die Mama — und umgekehrt. Da kommt der Herr Papa gerade recht. Als Schiedsrichter wird er ins Visier genommen, alle Seiten tun ihre Sichtweise kund — und zum guten Ende des Abends soll er ein Urteil fällen. Salomonisch? Streng? Solidarisch? Und wenn ja, mit wem?
> Ei, ei, ei, was für ein gordischer Knoten. Den zu lösen, ist an sich schon schwierig genug. Aber nach einem anstrengenden Arbeitstag? Nach hektischen Stunden, Dutzenden von Entscheidungen und Meetings wünscht man sich nur noch eines: Ruhe und Frieden. Den aber gibt's jetzt nicht. Was nun? Konflikt? Nö, keine Kraft mehr dazu. Also entscheide ich salomonisch. Aber auch das ist kein Ticket für Ruhe. Dann geht die Diskussion nämlich weiter, wenn der Nachwuchs im Bett liegt. Und am Schluss liegt einer schlaflos im Bett. Sie dürfen raten, wer das ist ... Es allen recht zu machen, ist eben eine Kunst, die niemand beherrscht.

3.5.1 Von Kompensationsgeschäften und anderen Familienaffären

Das alles mag nach Selbstbemitleidung klingen, ist aber ein selbstkritischer Blick auf unsere gängigen Erziehungsmuster. Wir konditionieren uns und unsere Kinder zum Familienfrieden. Wir weichen Konflikten aus, weil wir

- Harmonie brauchen,
- gerade zu müde sind,
- gerade etwas Wichtigeres zu tun haben,
- keine andere Meinung als die unsere dulden,
- meinen, jede Auseinandersetzung gewinnen zu müssen.

In der Kinderbeziehung agieren Eltern auch heute noch überraschend autoritär. »Nee, nicht ich«, werden Sie jetzt empört denken. Sind Sie sich da so sicher? Wir, der Schreibende inklusive, geben uns ja betont locker und leger. »Wir haben ein ganz relaxtes Verhältnis«, höre ich immer wieder. Und das stimmt ja auch, wenn die Sonne scheint. Aber kaum zieht ein Stimmungstief auf, hat die jüngere Generation das zu tun, was sich die »Weisen« vorstellen. Schließlich haben wir Großen doch mehr Lebenserfahrung. Natürlich gilt es je nach Altersklasse abzuwägen, wie viel Selbstbestimmung den Kindern zuzutrauen ist. Aber die Bevormundung und das ständige Verlieren von Auseinandersetzungen tun vielen Kindern nicht gut. Sie tun sich später schwer, Konflikte auszuhalten, ihren Standpunkt zu vertreten und mit guten Argumenten zu überzeugen. Weil sie keine Erfahrung darin sammeln können, wie das denn funktioniert. Darum tun wir gut daran, auch Kindern ihren Willen zu lassen. Und eine GoPro verkaufen zu lassen, selbst wenn sich jedes einzelne Haar des Vaters — und der Mama sowieso — dagegen sträubt. Gut, hier bewegen wir uns auf heiklem Terrain. Denn hier geht es, selbstkritisch und ehrlich, auch noch um etwas anderes. Als arbeitendes Familienmitglied ist man manchmal großzügiger als man sein sollte. Schließlich will man die Zeit, die man nicht mit den Kindern verbringt, kompensieren — und ein netter Papa sein.

»Wieso kommt er/sie damit durch?«, ist eine, ich gestehe, berechtige Frage meiner Frau, die ich immer wieder höre. Meine Antwort: Es handelt sich dabei um ein Kompensationsgeschäft: Ich bin häufig weg, dafür kriegst du etwas. Und wir haben uns alle lieb. So hängt zumindest der halbe Haussegen nicht schief. Vermeintlich.

Ein weiterer Grund, warum ich inkonsequent handle, ist ein geheimer Wunsch, den wir Eltern wohl alle hegen: Möge es unseren Kindern einst besser gehen als uns. Eine Illusion. Ihnen geht es heute besser. Aber auf sie warten in der Zukunft massive Herausforderungen, die das Leben nicht leichter machen werden. Denn die nächste Generation hat ein Problem mit Grund und Boden, mit Einkommen und Arbeitsplatz. Das vorausschauend zu wissen, stimmt uns, oder jedenfalls mich, manchmal milder als ich sein sollte.

Gebt den Kindern das Kommando, sie berechnen nicht was sie tun.
Herbert Grönemeyer

Was Grönemeyer singt, klingt zwar gut, stimmt aber nur für die Kleinen im Schnulleralter. Kaum realisieren sie — wenn auch unbewusst —, dass sie zum Familienfrieden erzogen werden und sich dabei hilflos fühlen, bedienen auch sie sich der Mittel, der sie haben, um ihre Ziele zu erreichen. Manipulation der Eltern gehört da zur Grundausrüstung. Aber gehen Sie mit Ihrem Nachwuchs nicht zu hart ins Gericht. Denn in diesem Gebaren erkennen Sie lediglich ein Zeichen dafür, dass sich die Kleinen machtlos fühlen. Vielleicht ist es dann an der Zeit, Entscheidungen gemeinsam zu besprechen — und zu treffen. Vergleiche übrigens helfen dabei selten. Nicht mit Freundes- und Nachbarskindern und wie sie es tun dürfen und können. Und schon gar nicht generationenübergreifend. »In deinem Alter habe ich ...«, ist eine Floskel, die ich als Junior schon nicht ausstehen konnte. Später als Single kriegte ich dann von meinen Tanten an jeder Hochzeit, die wir besuchten, zu hören: »Du bist der Nächste.« Ich erinnere mich noch: Dieser Zwang, Erwartungen und Normen zu entsprechen, wirkt sich nicht gerade befreiend aus — und nicht selten erreichen Erziehungsberechtigte damit lediglich das Gegenteil. Ich brachte meine Tanten damals erst zum Schweigen, als ich sie, zugegeben etwas pietätslos, mit ihren eigenen Waffen schlug. Bei jeder Beerdigung flüsterte ich ihnen mit einem Augenzwinkern zu: »Du bist die Nächste.« Das war natürlich etwas makaber, aber immerhin, danach hatte ich meine Ruhe.

Aber zurück zur Erziehung zum Familienfrieden. Wenn wir uns davon verabschieden, stets ein perfektes Bild abgeben zu wollen, gerade gegenüber unserem Umfeld, und Kindern das Recht einräumen, von früh an mitentscheiden zu dürfen, erziehen wir mündige Menschen, die den zunehmend schwierigeren Lebensumständen auch gewachsen sein können. Das ist nicht einfach. Denn es bedeutet, sich auf Diskussionen einzulassen, die wir manchmal weder sinnig noch stimmig finden — und als Zeitverschwendung einstufen. Es heißt aber auch, Disharmonie auszuhalten und einen Konflikt stehen zu lassen, zu vertagen, wenn kein konstruktives Gespräch mehr möglich ist. Aber genau das sind die Momente, in denen bedingungslose Liebe spürbar wird. Wenn Ihr Kind erlebt, dass es in Ordnung ist, auch wenn es eine eigene, abweichende Meinung hat, dann haben Sie Ihren Erziehungsauftrag erfüllt. Klar, dass wir dies nicht tagtäglich in Perfektion praktizieren können. Aber jetzt wissen wir: Es muss ja auch nicht jeden Tag Familienfrieden herrschen. Es reicht, wenn wir wissen, dass wir uns alle lieb haben.

3.6 Gewohnheiten sind Entscheidungsgarantien — nicht immer zum Besseren

»Ich kann mich nicht entscheiden.« Ein Satz, den wir alle oft hören — und selber denken. Mag ja sein, dass die 20.000 Entscheidungen, die täglich anstehen, uns auslaugen, ermüden, zum Entscheidungs-Burnout treiben. Mit der Folge, dass wir selbst einfachste Dinge wie den Kauf eines Schuhs zu lange, zu häufig und zu existenziell durch den Kopf gehen lassen, bis wir zur Tat schreiten — und der Schuh dann bereits verkauft ist, wenn wir mit der Entscheidung endlich so weit sind.

Ich bin überzeugt: Hinter diesen Entscheidungsstaus steckt mehr als nur die Überforderung. Denn mit sorgfältig antrainierten Gewohnheiten machen wir uns selbst das Leben schwer.

3.6.1 No pain, no gain

Wenn's nicht weh tut, gibt's nichts Neues. Das jedenfalls meinen die Amerikaner, die lapidare Sprüche wie »No risk, no fun« mehrheitsfähig gemacht haben. Wer aber tut sich schon gerne selber weh? Na ja, in den USA kommen nur die Harten durch — und davon nur 10 Prozent. Da ist die Motivation groß genug. Aber bei uns im mehr oder weniger funktionierenden Sozialstaat? Da lösen Aussichten auf etwas Leidensfähigkeit höchstens Fluchtinstinkte aus. Entscheidungen aber sind immer ein Schritt ins Ungewisse. Mit jeder Entscheidung verändert sich unser Status quo. Haben wir in unserer Wohlstandsgesellschaft mittlerweile mehr zu verlieren als zu gewinnen? Reine Einstellungssache. Aber wer den Hang dazu hat, Entscheidungen notorisch hinauszuschieben, sollte sich überlegen, ob
- dahinter die Furcht vor der ungewissen Zukunft steckt, die manche dazu veranlasst, sich hartnäckig an die Gegenwart zu klammern — denn die kennt man ja wenigstens.
- die Verlustangst die Lust auf Neues dominiert. Denn mit jeder Entscheidung müssen wir uns von Optionen verabschieden, die durchaus ihren Reiz haben. Das lässt so manche im Kopf zwar »Ja« sagen, gehandelt wird dann aber mit einem »Vielleicht«, »Morgen«, bis daraus ein »Nein« wird.

So oder so. Mit den Entscheidungsstaus ist es wie im Straßenverkehr: Steht's erst mal, kommt alles zum Erliegen. Eine Dynamik, die weit gefährlicher ist als der Osterstau, den die Holländer mit ihren Wohnwagen verursachen. Denn wir Menschen sind Gewohnheitstiere und gewöhnen uns schnell an einen Zustand. Zum Beispiel: »Wenn ich mich nicht entscheide, verändert sich zwar nichts, aber dafür tut's nie richtig weh.« Dieses Mantra ist zwar bequem, klar, aber ungesund — und erst recht falsch. Denn auch wenn wir uns nicht entscheiden, verändert sich unser Leben, ohne dass wir es merken. Was mich gleich zur nächsten Frage bringt.

3.6.2 Wem gehört eigentlich Ihr Leben?

Selbstbestimmte Menschen tendieren dazu, Entscheidungen spontan und unkompliziert zu fällen. Denn sie brauchen sich ja nur mit einem Menschen auszutauschen: mit sich selbst. Klingt in der Theorie einfacher als es in Wirklichkeit ist, schließlich leben die meisten von uns in Beziehungen mit Menschen, die ihnen wichtig sind — und die sie nicht vor den Kopf stoßen möchten. Und dennoch hat die Aussage Richtigkeit. Denn bei vielen Menschen bringen Entscheidungsprozesse wahre Dominospiele in Gang: Was denkt der/die, wenn ich das mache? Wem trete ich auf den Schlips, wem fühle ich mich verpflichtet? Und wie kann ich das mit meiner Entscheidung vermeiden? Kann das gut gehen? Natürlich nicht. Dennoch hat unser Verhalten gute Gründe.

Der Leistungsdruck, den wir uns heute auferlegen, spornt uns dazu an, ein unfehlbares Bild abgeben zu wollen. Schließlich will man bei der Arbeit nicht zum »Deppen des Tages« auserkoren werden. Die Angst, peinlich zu sein, beginnt unser Denken zu dominieren.

In diesem Kontext entwickeln viele schnell Vermeidungsstrategien. Das eigene Verhalten wird stark angstbesetzt, zum Beispiel davor, dass man bei der Sitzung mit dem Chef bloß nicht auffällt, ja nichts Falsches sagt. Die Folge: Wir geben die Kontrolle über unser Leben aus den Händen. Nicht wir entscheiden, sondern unser Umfeld mit seiner Definition, was gerade »normal«, »angebracht« und zu erwarten ist. Schon zu meiner Schulzeit war ich zu nichts zu gebrauchen — nur als abschreckendes Beispiel —, aber zu allem fähig.

Wer so denkt, wird Mühe haben, sich spontan, schnell und heute zu entscheiden. Aber ohne Risiko funktioniert das Entscheiden nicht. Darum der Rat: Blamieren Sie sich einmal täglich ganz bewusst. Begeben Sie sich aufs dünne Eis, widersprechen Sie Ihren Vorgesetzten, behaupten Sie beim Small Talk, dass Sie von Mozart noch nie was gehört haben und Fan von Hansi Vorderhörer sind. Ihr Berufswunsch war Funkuhrumstellungsbeobachter und heute sind Sie Saunabankuntersitzer. Sie werden schnell merken, dass die Konsequenzen nur halb so dramatisch sind wie befürchtet. Im Gegenteil: Das Leben wird Sie mit spannenden Begegnungen und amüsanten Gesprächen belohnen. Und Sie werden in Ihrem Denken freier, können unabhängiger entscheiden. So stellen Sie bei jedem Entscheidungsstau die Ampel wieder auf Grün anstatt ständig wieder die Replay-Taste zu drücken.

3.6.3 Replay — am liebsten in Super-Slowmotion

Schon Campino von den Toten Hosen sang »Es sind die gleichen Lieder«. Damit bringt er unsere Sehnsucht nach Wiederholung perfekt zum Ausdruck. Denn egal, wie gerne wir im Kino und im Fernsehen Thriller, Action- und Abenteuerfilme, Krimis oder Dramen sehen, eine Mehrheit versucht in ihrem Leben genau den unberechenbaren Überraschungsmomenten des Alltags auszuweichen. Alle Macht der Gewohnheit! Nur ungern weichen wir davon ab, denn sonst könnte uns ja noch das Gefühl beschleichen, falsch entschieden zu haben.

Warum wählen Raucher, Biertrinker oder Autofahrer praktisch ein Leben lang die gleiche Marke? »Weil es eben die beste ist«, höre ich die Gewohnheitstiere überzeugt antworten. Listigerweise sind es just jene Leute, die beispielsweise bei Blinddegustationen ihr Leibgetränk nicht einmal erkennen können. Sind unsere Gewohnheitskäufe darum nicht viel eher defensive Angstkäufe, um sich vor Enttäuschungen zu schützen? Die Vorstellung, zehn Minuten lang ein Bier zu trinken, das unseren Geschmacksvorstellungen nur teilweise entspricht, hält uns also ein Leben lang ab, eine neue Marke oder Sorte auszuprobieren, die uns vielleicht am Ende sogar noch besser schmecken würde. Sinnbild für dieses Verhalten sind für mich, der viel Zeit im Auto verbringt, die Lenkradkraller. Mit beiden Händen fest übers Lenkrad gebeugt, halten sie mit eiserner Miene am Kurs fest, ohne je eine andere Route zu fahren. Sie sind immer, wie sie sein müssen, nie wie sie sein wollen. So verpassen sie die Gelegenheit, wie es ist, sich mit einem überraschenden Umweg das Leben zu versüßen — und einmal aus der Reihe zu tanzen.

3.6.4 Umfahrungsempfehlung bei Entscheidungsstau

Es ist oft so im Leben, dass wir zu wenig in Alternativen denken — und zu häufig linear. Was zehn Jahre lang so gemacht wurde, hat sich doch bewährt, nicht? Wieso also anders machen? Genau dieser Ausschluss von alternativen Denkmöglichkeiten macht das Entscheiden so schwer. Es ist aber auch eine Frage des Vertrauens. Vertraue ich mir, meinen Mitmenschen — oder noch lieber der Technik?

Meine Erfahrung: Gerade in der digitalen Welt ist man gut beraten, abseits des technischen Mainstreams seinen eigenen Weg zu suchen und zu finden — und in Offline-Beziehungen zu investieren. Ein Augenkontakt und Handschlag ist noch immer verbindlicher und stärker als ein »Like« im digitalen Freundschaftsbuch. Selbst erlebt.

> **Beispiel**
>
> Als ich im letzten Winter kurz vor Neujahr mit meinem Auto von der schneebedeckten Straße abkam und mein Gefährt sauber in einem Baum parkierte, wartete ich vergebens auf den Abschleppservice. Die automatisierte Stimme meiner Automarke versprach zwar am Telefon rasche Rettung. Doch nach Stunden vergeblichen Wartens und immer klammeren Fingern klingelte ich schlussendlich direkt einen Bekannten mit einschlägigen »Abschleppbeziehungen« an. Und siehe da: Innerhalb kurzer Zeit war mein Auto auf dem Weg zur Garage.

Das könnte auch als Sinnbild für alle von Entscheidungsstaus geplagte Menschen dienen: Wenn wir unabhängig und frei denken und unsere eigenen Entscheidungen treffen, kommt das Leben wieder in Fahrt.

3.7 Entscheidungsträger oder -fäller — was sind Sie?

Wir lesen und hören es in den Medien immer wieder: In der heutigen Hochgeschwindigkeitsgesellschaft sind Entscheider gefragt. Dynamische Berufstätige mit Tat- und Entscheidungskraft also. Auf erfolgreiche Exemplare dieser Gattung werden denn auch Hohelieder gesungen, nicht selten erhalten sie publizistischen Heldenstatus. Leuchtet ja auch ein: Es sind Menschen, die Unternehmen durch die stürmischen Wirtschaftszyklen navigieren und Produkten Glitzer und Glamour bescheren. Stets nach dem Motto: Besser eine schnelle Entscheidung fällen, auch wenn sie mal nicht hundertprozentig richtig ist. Nachkorrigieren lässt sich ja später noch. So jedenfalls lautet die Theorie fürs Management. Denn: Wer sich heute zu langsam bewegt, wird von der Konkurrenz gnadenlos einge- und überholt.

Was ein grundsätzliches Problem der Entscheidungsfindung heute zeigt: Der Druck auf Entscheidungsträger nimmt laufend zu. Sei es durch überhöhte Erwartungen, sei es durch ökonomische Ziele. Wie aber steht es um die Entscheidungsträger abseits des Scheinwerferlichts wirklich. Wo sind sie, diese Giganten der Entscheidungen? Wenn ich den ganz gewöhnlichen Arbeitsalltag nüchtern betrachte, scheint es mir — entgegen der Berichterstattung — immer mehr Leute zu geben, die sich vor klaren Ansagen drücken. Warum bloß? Meine Theorie: Sie fürchten sich vor dem Scheitern — vielleicht noch viel mehr vor den drohenden Konsequenzen — und sind jobverliebt. Meist liegt das an einer Unternehmenskultur, die Fehler strikt verbietet, oder noch schlimmer: sie mit Versagen gleichstellt. Etwas, das mir nicht einleuchtet, schließlich kann man gerade aus Fehlern sehr viel lernen. Viele Firmen aber verwehren ihren Mitdenkenden und Mitarbeitenden genau das. Was, wie meist im Leben, einen ökonomischen Grund hat: In einer Zeit, in der gleiche Produkte und Dienstleistungen immer gleicher werden, wird der Preis zum Zünglein an der Waage des Kaufentscheids. Was nichts anderes heißt, als dass die Margen der Unternehmen immer kleiner werden. Und damit auch die Manövriermasse für Fehlentscheidungen, die das Unternehmen selbst verantworten muss. Und wer will schon für ein sinkendes Schiff verantwortlich sein, zumal sich die Presse mit Heißhunger auf solche Geschichten stürzt. Schließlich ist auch das eine Entscheidung der Medien: Wo es Lichtgestalten gibt, braucht's auch ein paar Bösewichte.

Aber natürlich gibt es für den Mangel an starken Entscheidern noch andere Gründe. Beispielsweise beobachte ich, dass viele Vorgesetzte höchst ungern entscheidungsfreudige Menschen einstellen. Die könnten ja womöglich Erfolg haben und damit an ihrem eigenen Stuhl sägen. Es gibt also unterschiedliche Gründe, weshalb heute nur zögerlich entschieden wird. Die meisten davon sind mit Sicherheit falsch.

3.7.1 Oft sind Entscheidungsträger das Problem und nicht die Lösung

Eine kleine Wortspielerei zum Thema »Entscheidungsträger«. Auch wenn ich das mit einem kleinen Augenzwinkern erzähle, so steckt darin ein Kern Wahrheit. Schließlich sagt ein Wort manchmal mehr als tausend Erfolgsbilder. Weshalb Sie nachher auch verstehen werden, dass ich mich nie als Entscheidungsträger bezeichne …

Meine Definition eines Entscheidungsträgers
Entscheidungen werden getragen und getragen und getragen, bis sie verschleppt und nicht mehr aufzufinden sind. Keine Entscheidung heißt: Alles bleibt beim Alten — wir haben es schließlich schon immer so gemacht.
- Vorteil: Man macht keine Fehler.
- Nachteil: Man bringt sich um potenzielle Erfolge.

Meine Definition eines Entscheidungsfällers
Entscheidungen werden getroffen, eingehalten und umgesetzt.
- Vorteil: Hier geht was auf allen Ebenen, denn Entscheidungskraft wird vorgelebt.
- Nachteil: Man kann auch mal falsch liegen. Das amüsiert dann zwar statische Entscheidungsträger, kann Unternehmen jedoch eine Lernkurve bescheren, die es immer besser performen lässt.

Denn es gibt Unternehmen, die sich einmal monatlich die Zeit nehmen, und zwar durch alle Hierarchien, um begangene Fehler zu analysieren und die Lehren daraus zu ziehen. So werden Firmen schneller besser und profitabler. Dazu aber braucht es eine Unternehmenskultur, die Fehlentscheidungen nicht nur duldet, sondern als Chance akzeptiert.

Noch eine Wortspielerei, die uns in der Geschäftswelt inspirieren könnte: VerANTWORTung heißt nichts anderes, als dass Menschen in Führungspositionen auf alles eine Antwort wissen müssen. Und wenn man selbst mehr Fragen als Antworten auslöst, sollte man sich selbstkritisch fragen, ob man(n oder Frau) noch im richtigen Sessel sitzt. Die erste Antwort kommt immer von dem, der dem Kunden gerade unmittelbar in die Augen schaut. Dann wird Verantwortung gelebt und wahrgenommen und macht Sinn (= **S**tellenbeschreibung **I**st **N**icht **N**otwendig). Nur »nach oben« delegieren ist nicht die Lösung. Je mehr Antworten jemand geben muss, desto besser sollte er bezahlt werden. Die letzte Antwort kommt hingegen immer vom Chef (mehr dazu im Abschnitt 3.9).

Eine Führungsstufe darunter braucht es Verantwortende, also Menschen, die Verantwortung übernehmen. Und wer ins Berufsleben einsteigt, sollte idealerweise ein VerFRAGEnder sein. Über die Jahre können wir so Wissen ansammeln, das uns immer häufiger Antworten finden lässt. Und wer in seinem Verantwortungsbereich immer mehr Fragen beantworten kann, steigt unweigerlich in der Hierarchie auf — bis zur Gretchenfrage. Was will ich mal werden: Entscheidungsträger oder Entscheidungsfäller? Was zeigt, dass die oberste Führungsriege dazu verurteilt ist, Antworten und Entscheidungen zu liefern. Denn nur das zählt am Ende des Tages. Warum ich mich bei den Verzögerungstaktikern manchmal frage, wofür sie eigentlich honoriert werden. Vielleicht sollten wir ja über ein Entlohnungssystem nachdenken, das sich an gelieferten Antworten orientiert.

3.7.2 Entscheiden mit dem Weihnachtsmannprinzip

Während vieler Jahre habe ich ein weihnachtliches Hobby gepflegt. Ich verkleidete mich als Nikolaus und besuchte Anfang Dezember jeweils Hunderte von Kindern — im Auftrag ihrer Eltern. Dabei fielen mir zunehmend Gemeinsamkeiten mit dem Wirtschaftsleben auf: Entscheidungen werden delegiert, Lösungen im Outsourcing gesucht.

> **! Das Weihnachtsmannprinzip**
> - Die Eltern (= Geschäftsleitung oder oberste Führungsebene)
> - bestellen einen Nikolaus (= externer Berater)
> - mit der Erwartung, dass sämtliche Erziehungsfehler (= Führungsfehler)
> - ohne Kenntnis der Familientradition (= Unternehmensphilosophie)
> - und internen Geschichten (= Arbeitsklima)
> - ausbügelt werden.
> - Als Instrument dient Drohung (= Warum sind Sie auf unserer Gehaltsliste?),
> - ohne die Erziehungsmethoden (= Führungsstil)
> - der Eltern (= Auftraggeber)
> - zu hinterfragen.

Was dabei herauskommt, weiß ich aus Erfahrung von über 500 Nikolaus-Einsätzen: Es wirkt kontraproduktiv, weshalb ich diese Rolle heute auch anders interpretiere. Aber das gehört nun wirklich nicht hierher. Denn die Rede ist von der Not, nicht stundenlang um Entscheidungen herumzureden, sondern Schönrednern die Sprechzeit zu verkürzen und ewigen Bedenkenträgern Mut zu machen. Was es heute braucht, sind Menschen, die Szenarien voraussehen, antizipieren und entsprechend entscheiden können. Dazu sind zwei Dinge vonnöten: Eine Führungsriege, die das nicht nur zulässt, sondern fördert. Und von jedem einzelnen Player die gnadenlose ehrliche Selbsteinschätzung, was man nun wirklich ist und sein will: Entscheidungsträger — oder Entscheidungsfäller?

3.8 Entscheidungseffizienz durch Vertrauen

»Vertrauen? Sie wollen, dass ich jemandem vertraue? In welcher Welt leben Sie eigentlich? Die Zeiten, als ich nachts einen 100-Mark-Schein vor meine Haustüre legen konnte, um ihn am nächsten Morgen im Briefkasten zu finden, sind Geschichte. Ehrliche Mitmenschen, die das Geld ohne Zaudern zurückgeben, die gibt's doch nicht mehr.«

So denken heute viele. Ein Blick in den Geschäftsalltag bestätigt das. Menschen, die für das gleiche Unternehmen tätig sind und dementsprechend die gleichen Ziele verfolgen sollten, arbeiten nach Lust und Laune gegeneinander. Manager nennen das dann »gesunden Konkurrenzkampf«. Was aber soll daran gesund sein? Will ein Unternehmen Erfolg haben, muss ein Team funktionieren wie eine Fußballmannschaft. Elf Freunde, die ein Ziel verfolgen. Eine Karriere lang. So wie sich Steven Gerrard mit dem FC Liverpool, Francesco Totti mit der AS Roma oder Ryan Giggs mit Manchester United identifizierten. Nur: Selbst dieses Klischee stimmt längst nicht mehr. Jeder Fußballprofi ist zur eigenen Marke geworden, die während der Saison inszeniert werden muss, damit zum Ende der Spielzeit ein neuer, noch lukrativerer Vertrag herausspringt. Mitspieler können da nur stören. Teamgeist? Wen interessiert das noch. Christian Vieri als Paradebeispiel. Erinnern Sie sich noch an den italienischen Nationalspieler? Und für welche Klubs er gespielt hat? Nun, an eines der 15 Teams werden Sie sich wohl noch erinnern. Praktisch jede Saison ein neuer Klub. Nur einem blieb er treu: dem mediterranen Lebensraum.

Seien wir keine Träumer. Heute ist sich jeder selbst am nächsten. Eigeninteressen dominieren. Das ist nicht wirklich neu. Was ich sehr bedauere: Menschen begegnen heute neuen Arbeitskollegen und Freunden mit Misstrauen. Wen wundert's? Die Medien schlachten sie genüsslich aus, die Geschichten über Betrügereien, Affären, Seitensprünge und Schlammschlachten. Da hören Hinze und Kunze gerne hin, werden aber zunehmend kritischer und verschlossener. Wer heute auf Reisen geht, erkundigt sich erst mal nach Sicherheitsvorkehrungen und Kriminalitätsrate. Und am Arbeitsplatz nutzen nicht wenige Vorgesetzte ganz gezielt die Angst vor Stellenverlust, um Mitarbeiter zu manipulieren. All das hat Folgen: Vertrauen ist zu einer raren »Ressource« geworden. Vielleicht ist sie sogar noch knapper als die Zeit, die uns sowieso immer fehlt.

Dabei ist Vertrauen — und das in Geschäfts- wie Privatbeziehungen — eine der wichtigsten Zutaten zum langfristigen Erfolg. Nur wer seinem Partner oder Team vertrauen kann und nicht immer alles kontrollieren muss, ist in der Lage, schnell zu handeln. Und was gibt es in unserer schnelllebigen Zeit Wichtigeres, als der Konkurrenz einen Schritt voraus zu sein? Eben.

Vertrauen also zahlt sich aus. Das leuchtet ein, wenn wir darüber nachdenken. Schließlich schätzen Mitarbeiter ein vertrauensvolles Klima. Wenn ein Unternehmen offen und fair handelt, kommuniziert und entlohnt, solidarisieren sich Arbeitnehmer mit ihrer Firma. In guten wie in schlechten

Zeiten. Das reduziert die Fluktuationsrate, was kein zu vernachlässigender Kostenfaktor ist. Damit sollte eigentlich auch dem letzten Skeptiker klar werden, dass effiziente Führung ohne Vertrauen gar nicht möglich ist. Wie aber gelingt es, das allgemeine Klima des Misstrauens zu durchbrechen?

3.8.1 Vertrauen wächst nicht auf den Bäumen

Es ist so eine Sache mit dem Vertrauen. Gratis gibt's das nicht. Ohne Zutun auch nicht. Und ohne Risiko schon gar nicht. Vertrauen kann man nicht forcieren, meinen Sie. Und recht haben Sie, wenn Sie an Privatbeziehungen denken. Da müssen sich die Partner die Vertrauensebene erschaffen und auf Dauer beweisen. In Unternehmen aber fehlt die Zeit, um sich wochen- oder gar monatelang zu beschnuppern, bevor es etwas wird mit dem Vertrauensverhältnis.

3.8.2 Wer Vertrauen aufbauen will, muss erst Vertrauen schenken

Am Anfang — und hier ist sie wieder — steht die ganze bewusste Entscheidung, seinen neuen Mitarbeitern Vertrauen »vorzuschießen«. Anders geht es nicht. Vertrauen Sie darauf, dass Ihr Gegenüber kooperativ und integer ist und Ihr Vertrauen nicht ausnutzt. Natürlich werden Sie darauf achten, wem Sie wie viel Vertrauen vorschießen. Das hängt nicht zuletzt von Position, Kompetenzen und Erfahrung ab. Aber ein Rat: Seien Sie nicht geizig, schenken Sie möglichst viel Vertrauen. Alles andere wird als Misstrauensvotum interpretiert, was ein Vertrauensverhältnis nicht verunmöglicht, aber erheblich verzögert. Vor allem sind wir viel zu Misstrauisch und lassen lieber einen Hund auf eine Wurst aufpassen, als einen Mitarbeiter alleine in seinem verantwortungsvollen Tun.

Gratulation. Wenn Sie den Mut aufbringen und anderen vertrauen, ohne vorab eine »Gegenleistung« zu erwarten, sind Sie bestens in eine solidarische Arbeitsbeziehung gestartet. Wie aber geht es nun weiter? Versuchen Sie es mit diesen Tipps:

Ehrlich währt am längsten
Menschen spüren schneller, als Sie denken, ob Sie ehrlich sind oder versteckte Pläne verfolgen. Darum: No politics — oder kein Vertrauen. Sie haben die Wahl.

Vergiss mein nicht
Wer ein offenes Ohr für seine Mitarbeiter und dabei den Kopf nicht bereits bei den nächsten To-dos hat, wer sich auch an kleine Dinge erinnert (»Sie wollten doch kommenden Freitag freinehmen«), beweist, dass er sein Gegenüber wahr- und ernst nimmt. Das Resultat: Sie ernten Glaubwürdigkeit und werden mit Loyalität belohnt.

Versprochen ist versprochen
Eine alte Indianerweisheit: Kein Beinbruch schmerzt so sehr wie ein gebrochenes Versprechen. Darum: Halten Sie Wort. Widerstehen Sie der Versuchung, mehr zu versprechen, als Sie halten können, nur weil Sie gut dastehen wollen. Nur das macht Sie zum Fairplayer. Und nur die genießen Vertrauen.

Pssst!
Vielleicht das Allerwichtigste: Diskretion. Sie ist der Inbegriff von Vertrauen. Denn sie gewährleistet die Sicherheit, das Fangnetz, das es in jeder Beziehung braucht. Wer aber von anderen erfährt, was er Ihnen vertraulich erzählt hat, fühlt sich verraten, missbraucht und manipuliert. Viel schneller kann man Vertrauen gar nicht verspielen.

3.8.3 Vom Vertrauen zur Effizienz

Wenn Sie diese Punkte befolgen, sind Sie auf dem besten Weg, die Effizienz in Ihrem Unternehmen in ungeahnte Bahnen zu katapultieren. Dazu später mehr, denn erst gilt es noch eine Hürde zu überspringen — eine, die Sie viel Überwindung kosten wird: Kontrolle abbauen. Das ist der ultimative und letzte Beweis, dass Sie voll und ganz vertrauen. Sie werden jetzt wohl leer schlucken und mich fragen, ob ich von Sinnen sei. Keineswegs. Denn Kontrolle abbauen, heißt nicht, Kontrolle verlieren, sondern Freiräume zu geben. Definieren Sie gemeinsam Ziele, lassen Sie aber offen, wie diese erreicht werden. Haben Sie die Größe, Menschen ihr Ding machen zu lassen, selbst wenn Sie es anders anpacken würden. Das erfordert Tapferkeit und eine gewisse Leidensfähigkeit. Aber denken Sie daran: Vielleicht ist Ihre Art ja nicht mal die beste. Darum empfiehlt es sich auch, weniger eng zu führen. »Was ich nicht weiß, macht mich nicht heiß«, mag dabei als Inspiration helfen. So verkürzen Sie ganz nebenbei auch Entscheidungswege.

Nun, wenn alles glatt läuft und die Ziele erreicht werden, sind alle happy. Sie, Ihre Mitarbeiter und sogar der Buchhalter. Was aber, wenn etwas schiefläuft? Für diesen Fall haben Sie vorab Abmachungen getroffen, Grenzen und Alarmsysteme definiert. Das gehört zu Ihrer Verantwortung. So erfahren Sie rechtzeitig von Vertrauensmissbräuchen und fatalen Misserfolgen. Ihre Mitarbeitenden wissen dabei, welche Konsequenzen das hat. Ganz wichtig: Diese müssen Sie auch zwingend implementieren. Selbst wenn Ihnen das aufgrund des aufgebauten Vertrauensverhältnisses schwerfallen könnte. Wenn Sie stets fair, offen, loyal und diskret gehandelt haben, kann das Ihr Gegenüber aber auch richtig einschätzen.

Natürlich ist das nicht leicht. Wer aber hat gesagt, dass Führungsarbeit, egal auf welcher Stufe, einfach ist? Das Gute daran: Wer stets ein bisschen mehr gut als falsch macht, hat zwangsläufig Erfolg. Und mit einer gehörigen Lernkurve können Sie die versprochene Effizienz steigern. Denn wer Ihnen vertraut, braucht nicht lange zu zögern. Ein paar kleine Beispiele.

> **Beispiel**
> Ihr Auto muss in die Garage, Sie aber brauchen es schnell zurück. Vertrauen Sie Ihrem Mechaniker? Bestehen Sie auf einen Kostenvoranschlag? Pochen Sie auf eine Zweitmeinung?
> **Fazit:** Gelang es dem Mechaniker, Ihr Vertrauen zu gewinnen, spart er sich, aber auch Ihnen Zeit und Mühe. Das ist effizient für beide. Sie haben schnell Ihr Auto zurück. Der Mechaniker seinerseits spart sich Arbeitskräfte bei der Angebotserstellung, die er andernorts profitabel einsetzen kann.
>
> Reklamation beim Sachbearbeiter. Ein Produkt war mangelhaft, Beweise dafür aber fehlen. Muss sie oder er nun durch die Mühlen der Verantwortlichkeiten des Unternehmens gehen? Oder genießen Sie das Vertrauen, die Situation mit gesundem Menschenverstand selbst einzuschätzen?

Fazit: Schneller ist meist günstiger, selbst wenn es sich um ein Fake handelt. Angenehmer Nebeneffekt: Der Kunde entwickelt eine Loyalität zu Ihrer Marke, die sich in Zukunft kapitalisieren wird. Und Ihre Mitarbeiter identifizieren sich mit Ihrem Unternehmen, was sich ebenfalls auszahlt.

Vertragsverlängerung. Ein gewohntes Szenario auf höchster Unternehmensebene. Ein Kundenvertrag läuft aus, die Zusammenarbeit war gut. Die Verlängerung darum nur Formsache?
Fazit: Wenn Sie es versäumt haben, das Vertrauen als fairer, transparenter und loyaler Partner aufzubauen, werden Sie länger und härter um Zahlen wie Konditionen feilschen und mit größter Wahrscheinlichkeit auch einen schlechteren Deal akzeptieren müssen.

Und die Moral der Geschichte? Vertrauen zahlt sich immer aus. Für emotionale Menschen sowieso, aber auch für nüchterne Rechner. Tun Sie sich also einen Gefallen und entscheiden Sie sich bei Begegnungen mit neuen Menschen stets dafür, eine gehörige Portion Vertrauen vorzuschießen. Die Enttäuschung kommt ganz von alleine.

3.9 Entscheiden als Führungsinstrument

Ein Rasenmäher trifft eine Schafherde auf der Weide. Der Neuankömmling wird von der Menge skeptisch beäugt. Schließlich tritt ein Schaf aus der Herde, fasst sich ein Herz und sagt: »Mäh-h-h-h.«
Der Rasenmäher kommt kurz ins Stottern – und entgegnet kurz angebunden: »Mäh' doch selber. Von dir lass ich mir nichts sagen.«

Was sich als Fabel ganz lustig anhört, ist in der Arbeitswelt alles andere als ein Witz. Ganz im Gegenteil, es ist eine der größten Herausforderungen bei der Führungsarbeit: delegieren. Überraschenderweise fällt das vielen schwer, und das gleich auf beiden Seiten, beim Sender wie beim Empfänger.

Zum einen sind sich Führungskräfte bewusst, dass sie sich, wenn mal etwas delegiert ist, mit den Resultaten zufrieden geben müssen, die ohne ihr Zutun zustande gekommen sind. Das bereitet nicht nur eitel Freude, weil es eben auch deutlich macht, wie viel und wie gut überhaupt delegiert wurde. Auf der anderen Seite zeigt sich, dass in vielen Unternehmen nicht Mitarbeiter, sondern »Abarbeiter« herangezogen wurden — Befehlsempfänger, denen entweder Kompetenzen oder Vertrauen fehlen, um in ihrem Arbeitsgebiet entscheiden und damit richtig arbeiten zu können. Doch genau das zeichnet effiziente Organisationen aus:

> **!** Jede Entscheidung wird auf die tiefst mögliche Führungsebene delegiert. Das ist die erste VerANTWORTungsebene.

Die erste Antwort sollte stets von jenen kommen, die einem Problem am nächsten stehen. Aus einem ganz einfachen und offensichtlichen Grund: Durch ihre tägliche Arbeit kennen sie Kontext, »Spielregeln« und Involvierte besser als ihre Vorgesetzten, die von der Sachlage meist nur vom Hörensagen wissen. Verfügen die Mitarbeiter über Kompetenz und Vertrauen, werden Sie schnell Lösungen vorschlagen können, die alle Seiten zufriedenstellen. Schwache Mitarbeiter aber rapportieren nur nach oben und warten dann die Entscheidung von oben ab. Das verunmöglicht mehr als gut ist: eine schnelle, adäquate Lösung, entlastete Führungskräfte — und nicht zuletzt Mitarbeiter mit hoher Eigenmotivation. Darum macht die Delegation von Verantwortung nur eines: Sinn. Ein Wort übrigens, das ich, gerne auch provozierend, als Abkürzung verstehe.

> **!** Stellenbeschreibung
> ist
> nicht
> notwendig.

Lassen sich das mal auf der Zunge zergehen. Wenn es eine Welt ohne Stellenbeschreibungen gäbe, müssten alle ganz automatisch mitdenken und die Wirkung ihrer Arbeit selbst erkennen. Niemand würde mehr nach Vorgaben, Paragrafen und Restriktionen handeln, sondern ganz einfach lösungsorientiert und ohne Delegation nach oben. Klar, dass dabei die eine vielleicht talentierter ist als der andere. Das aber wirkt sich meist nur auf das Arbeitstempo aus. Denn wer weiß, dass es auf seine Arbeit ankommt, gibt immer sein Bestes. Davon können alle nur profitieren: Unternehmen, Vorgesetzte und Mitarbeiter.

Mir ist klar, das ist quasi John Lennons »Imagine« für die Arbeitswelt. Und trotzdem ist dieser Gedanke keine Utopie. Was es dazu braucht, ist ein Paradigmen- und wohl auch ein Generationenwechsel. Denn entscheidungsschwache Mitarbeitende werden von schwachen Chefs herangezogen. »Ich entscheide und du musst nicht denken«, ist denn auch eine Einstellung, die in unserer Zeit keinen Platz mehr hat. Trotzdem läuft es vielerorts noch immer genau so. Das hat damit zu tun, dass (zu) viele ihr Ego spazieren führen. Denn entscheiden zu können ist auch ein Zeichen für Macht: »Ich bestimme über deinen Tagesablauf.« Doch die Zeiten der Sklaverei sind vorbei, Sklaven werden verkauft und nicht gekündigt. Also höchste Zeit, auch auf mündige Mitarbeiter zu setzen. Effizienz und Arbeitsqualität werden es Ihnen danken.

3.9.1 Grundprinzip für alle Vorgesetzten: Stellen Sie Leute ein, die besser sind als Sie

Hoppla. Noch so ein Satz, bei dem es manchen die Kehle zuschnürt. Doch nur die Ruhe. Komplexe Systeme und Marktdynamiken, wie man sie heute antrifft, verlangen dezentrale Entscheidungsstrukturen. Nur so können Firmen schnell und gezielt operieren und ihren Mitbewerbern einen Schritt voraus sein. Und was wäre heute wichtiger, wenn doch »Zeit Geld ist«?

Dies bedingt natürlich kompetente Menschen, die das Vertrauen ihrer Vorgesetzten genießen. Verabschieden Sie sich darum von der Vorstellung, dass ein Chef immer alles besser können muss. Erstens ist nur der Papst unfehlbar (oder?) und zweitens hat der Chef andere Aufgaben zu bewältigen als seine Mitarbeiter. Scharen Sie darum Leute um sich, welche die Herausforderungen in den entsprechenden Bereichen lösen können. Am besten besser als Sie — und am liebsten: besser als die Konkurrenz. Das wichtigste dabei: Statten Sie Ihre Mitarbeiter mit Ihrem Vertrauen aus.

Das klingt alles gut und einfach, ist in Wahrheit aber harte Arbeit, die Menschen in Führungspositionen öfters eine durchwachte Nacht beschert. Denn es braucht Kraft, andere, neue Ideen und Lösungswege zuzulassen. Es braucht noch mehr Kraft, Missverständnisse und Misserfolge der Mitarbeiter auszuhalten und ihnen das Vertrauen nicht zu entziehen. Lediglich bei Brunnenvergiftern müssen Sie sofort handeln. Wenn Sie Probleme offen ansprechen, bleiben Sie transparent, das macht Sie für Mitarbeiter berechenbar. Denn Mann und Frau können sich auf Sie verlassen. Das motiviert und spornt an, die Position immer besser auszufüllen. Nicht weniger braucht ein Unternehmen. Und wenn Ihre Mitarbeiter dann so weit sind, wird Führungsarbeit zum wahren Vergnügen. Es ist dann, verzeihen Sie mir den etwas tierischen Vergleich, als ob Sie von Käfig- auf Freilandhaltung umstellen. Nicht alle Hühner werden mit dieser Situation sofort vertraut sein und sie zu nutzen wissen. Es gibt immer ein Gegacker. Das im Laufe der Zeit zu unterbinden, gehört zur Führungsarbeit. Genauso wie das Aufzeigen der neuen Freiheit. Am Schluss wird alles besser — besonders das Ei.

> **Beispiel**
>
> Zwei Mitarbeitende einer Firma lesen in der Arbeitspause bedrückt die Todesanzeige ihres Arbeitskollegen Fritz. Stille. Etwas geniert räuspert sich der eine. »Was ist denn?« — »Den hätte ich gerne kennengelernt.« — »Fritz? Den kanntest du doch«, entgegnet ihm sein Gegenüber. — »Nö, den anderen, der mit Fritz gestorben ist?« — »Hä? Verstehe ich nicht.« — »Naja, hier steht doch: Mit ihm starb einer der fähigsten Mitarbeiter.«

Wie geht man mit Mitarbeitern um, die sich partout nicht mit der neuen Rolle anfreunden wollen? Da gilt es konsequent zu sein, aber erst, wenn Sie einen Plan B zur Hand haben. Das mag moralisch verwerflich klingen, aber handeln kann nur, wer Optionen hat. Bevor es jedoch so weit ist, müssen Vorgesetzte ihren Mitarbeitern eine faire Chance geben und Fehler zulassen. Schließlich kann man einen Nichtschwimmer nicht ins offene Meer werfen und salopp hinterherrufen: »Im kalten Wasser lernt man schwimmen!« Da braucht es Training, vielleicht eine Rettungsweste. Wenn man sieht, dass es auch nach langem Training und beim besten Willen nicht weitergeht, dann entlastet man vielleicht auch den Mitarbeiter, wenn man sagt: »Leider stimmt die Disziplin nicht. Wäre eine Herausforderung an Land nicht besser?« Lieber ein Ende mit Schrecken als ein Schrecken ohne Ende. Wir erinnern uns: Entscheiden heißt auch, zu verzichten. Und manchmal muss man auf Mitarbeiter verzichten. Nicht, um Macht auszuspielen, sondern um eine bessere Lösung zu finden. Das gilt es erst einmal auszuhalten. Eine der wichtigsten Erkenntnisse ist denn auch die: Egal wie wir entscheiden, wir sind nicht dazu da, um Sympathiepreise oder Friedensnobelpreise zu gewinnen. Wer seine Ziele verfolgen will, muss hin und wieder auch Kanten zeigen. Egal wie alt oder wie lange der- oder diejenige schon im Betrieb ist.

3.9.2 Gut ist längst nicht mehr gut genug

Ohne Frage. Unsere Arbeitswelt ist schneller, hektischer und anspruchsvoller geworden. Früher reichte eine gute Leistung, um gut entlohnt zu werden. Und eine sehr gute für einen sehr guten Lohn. Das ist passé. Heute gibt es für eine gute Leistung gerade mal noch ein Gehalt, das o.k. ist. Eine sehr gute Performance wird gut bezahlt. Aber erst exzellente Arbeit ist Arbeitgebern heute auch ein sehr gutes Salär wert. Das fordert Mitarbeiter, aber auch Führungskräfte mehr und mehr. Klar, dass deshalb am Arbeitsplatz auch ab und zu unlautere Mittel zum Einsatz gelangen. »Blender« verkaufen ihre Leistungen mit rhetorischer Abgebrühtheit als besser und größer, als sie effektiv sind. Andere wiederum manipulieren ihre Mitarbeiter und lassen ihre Kollegen ganz bewusst in eine falsche Richtung und damit ins offene Messer laufen. Eigeninteressen gefährden dann das Interesse eines Unternehmens. Weshalb ich diese Art von Führungskräften gerne in die Kategorie »Blinddarm« einstufe: Für das System unbedeutend, schnell gereizt — und komplett überflüssig. Diese »Blinddärme« zu orten und zu entfernen, hält denn auch eine Organisation langfristig gesund.

Abschließend lässt sich festhalten: Ob bei der Arbeit oder der Erziehung, anderen eine Entscheidung abzunehmen, ist oft gut gemeint, animiert das Gegenüber auf Dauer aber lediglich dazu, das Denken anderen zu überlassen. Darum sollten Vorgesetzte und Eltern nur im Krisenfall vorentscheiden. Was nichts anderes heißt, als dass wir ein gutes Näschen entwickeln müssen, um zu merken, wann wir gebraucht werden. Und das ist eben nicht nur, wenn wir auf der Sonnenseite stehen, Erfolge feiern und ein Bad in der Menge nehmen. Gerade gute Chefs sind da, wo die Schatten am längsten sind — in den Krisengebieten. Denn da werden sie gebraucht, hier finden sie ihre Daseinsberechtigung.

Wenn Sie bei der Führungsarbeit die richtige Balance finden, wird Sie auch nicht das Schicksal ereilen, das dem Protagonisten in der Fabel beschieden war, mit der ich dieses Kapitel beschließen möchte.

> **Beispiel**
>
> Ein Pferd liegt seit Tagen krank im Stall. Vergebens versucht der Bauer das Tier aufzupäppeln, nichts hilft. Eines Abends, der Bauer liegt bereits im Bett, kommt das Schwein zum Pferd.
> »Junge, ich hab gehört, morgen kommt der Tierarzt. Besser, du bist dann wieder auf den Beinen.« Das Pferd nickt, keucht — und kommt auch am nächsten Tag nicht hoch.
> Der Arzt untersucht es, klappt mit tiefen Falten auf der Stirne seinen Koffer zu und eröffnet dem besorgten Bauer draußen vor dem Stall die Diagnose.
> Eines frühen Morgens weckt das Schwein das Pferd: »Wenn du heute nicht aufstehst, wirst du geschlachtet.«
> Wie vom Blitz getroffen springt das Pferd auf und auf die Weide. Der Bauer sieht's, wirft die Hände in die Luft, tanzt vor Freude und schreit: »Hurra, hurra, das Pferd ist gesund! Das muss gefeiert werden! Trommelt alle zusammen und schlachtet das Schwein! Heute Abend gibt's ein Fest.«

Am besten also, man handelt, bevor man selbst gehandelt wird.

3.10 Entscheidungswege, -prinzipien und -taktiken

Geschäfts- und Privatleben verbindet eines: Wir bewegen uns auf einer Bühne und jeder entscheidet, ob er Hauptrolle, Nebenrolle, Statist oder gar keine Rolle spielen möchte. Amüsanterweise wird die Rollenverteilung privat und geschäftlich häufig recht unterschiedlich interpretiert. Ein Bekannter von mir beispielsweise ist im Business das, was wir »knallhart« bezeichnen, im Rahmen seiner Familie aber kann er sich kaum zu einer Entscheidung durchringen. Das wäre dann wohl die moderne Schizophrenie der hektischen Arbeitswelt, in der man sich auch mal nur zurücklehnen möchte.

In welche Rolle wir schlüpfen, liegt nur an uns. Und es empfiehlt sich, eine zu wählen, in der man sich wohlfühlt. Das ist wie früher, als wir Kinder »Indianer und Cowboys« spielten. Die einen wollten Häuptling sein, die anderen Scouts oder Soldaten. Aber seien Sie vorsichtig und wählen Sie nicht die Rolle des Pianisten im Saloon. Der hat meist die kürzeste Lebenserwartung.

Egal wie Sie Ihre Rolle interpretieren, es ist wichtig, dass Sie diese, je nach Tagesform, auch mal anders auslegen können. Beispielsweise, wenn gerade Krisenstimmung im Unternehmen herrscht, tut es gut, sich für einen »Diese-Stimmung-lasse-ich-nicht-an-mich-ran-Tag« zu entscheiden. Auch ein »Heute-mische-ich-mich-nicht-ein-Tag« kann zwischendurch wie Wellness im Alltag wirken. Denn die Rolle, und damit das Wohlergehen, definiert jeder selbst. Nur wer die Hauptrollen spielen möchte, ohne den Text zu kennen, wird am Ende kaum Standing Ovations ernten.

3.10.1 Kompetenz ohne Macht bringt Entscheidungsohnmacht

Man würde es nicht für möglich halten, aber noch heute gibt es viele Unternehmen, die ihre Mitarbeiter mit schönen Titeln, Positionen und Büros versehen, nur eines aber auslassen: Entscheidungskompetenz. Die Folge fürs Geschäft: Mitarbeiter, die mangels Alternativen, Ressourcen oder Konzepten nicht die Entscheidungen fällen können, die sie müssten. Das übernehmen ihre Vorgesetzten, die weit weg vom Tagesgeschäft sind — und ihr Team mit Vorführtaktik hinhalten. Mit Scheinargumenten und Halbwahrheiten machen sie Stimmung — und Entscheidungen. Eine Anekdote aus der Praxis.

> **Beispiel** !
>
> Mit viel Akribie erstellt ein Team ein Konzept, wie ein Produkt im Markt besser positioniert werden kann. Um in der täglichen Informationsflut nicht unterzugehen, werden auch unkonventionelle Wege abseits der Mainstream-Medien vorgeschlagen. Eigentlich spannend, würde man meinen, wäre da nicht der Vorgesetzte, der mit der Türe ins Sitzungszimmer fällt und alle Pläne mit einer Aussage auf den Kopf stellt: »Was soll das? Die Konkurrenz hat das Werbevolumen reduziert. Jetzt können wir in diese Lücke schlüpfen.«
> Überrumpelt und leicht verwirrt stimmt das Team zu und kehrt gesenkten Hauptes zurück an den Arbeitsplatz. Nur einer lässt nicht locker und recherchiert den Werbedruck der Konkurrenz. Und siehe da: Die Werbeausgaben der Konkurrenz wurden erhöht.

Was zeigt: Viele Vorgesetzte interpretieren ihre Rolle nicht als Terminator, also als Vollender seines Teams, sondern als Dominator. Sie dominieren mit nach eigenem Gusto ausgelegten Fakten, lediglich um ihre Position zu festigen. Meist auch noch mit Sätzen wie: »Ich weiß gar nicht, für was die eigentlich bezahlt werden. Ich muss ja sowieso alles selber entscheiden.« Aus dieser Ecke herauszukommen, ist für Mitarbeiter unheimlich schwierig — und frustrierend. In aller Regel lässt sich in Szenarien wie diesen nur noch eines feststellen: Entscheidungsohnmacht lähmt und führt zu Fehlentscheidungen.

3.10.2 Die Mär vom Schaf im Wolfspelz

Was war nun zuerst: Das Huhn oder das Ei? Der Wolf oder das Schaf? Anders gefragt: Züchten Unternehmenskulturen, die Mitarbeiter einzäunen, Schafe? Oder suchen Mitarbeiter eine Stelle und keine Herausforderung? Beides ist wahr, jedenfalls teilweise. Aber: Ob aus »Stellenbesetzern« engagierte Mitarbeiter werden, liegt hauptsächlich am jeweiligen Vorgesetzten.

So durfte ich einmal eine Abteilung übernehmen, in der die Mitarbeiter ihre Rolle als strikte Befehlsempfänger interpretierten. Um fair zu sein, muss erwähnt werden, dass ihnen dies über viele Jahre so eingeimpft wurde. Hier den Schalter auf Selbstbestimmung und Entscheidungskompetenz umzulegen, war meine Absicht. Und in den ersten Monaten ein Desaster. Wer es gewohnt ist, dass jemand anderes vordenkt, ist mit der »Freilandhaltung« überfordert. Mehr noch: Der Handlungsspielraum wird erst gar nicht erkannt. Doch genau das macht Unternehmen und Entscheidungen erfolgreich: Engagierte Mitarbeiter erforschen ihre Räume, kennen ihr Revier und testen auch mal aus, bis zu welchem Korridor sie selbst entscheiden können. Das ist meiner Meinung nach der einzige Weg zum Unternehmenserfolg, aber der braucht enge Begleitung, Engelsgeduld und die Haut eines Elefanten. Denn kurzfristig ist die Umstellung von Entscheidungsohnmacht zur eigenen Entscheidungsmacht die perfekte Anleitung zum Misserfolg. Denn zunächst geht erst einmal vieles daneben. Und das muss man aushalten können. Doch auch das gehört zur Entscheidung — und zur Rolle, für die ich mich entschieden habe.

3.10.3 Entscheidungskarussell

Kennen Sie das Kinderlied »Ringlein, Ringlein, du musst wandern«? Selbst wenn Sie es in Ihren ersten Jahren nie gehört haben, aus dem Berufsalltag kennen Sie es bestimmt. Das geht dann so: Niemand mag die Entscheidung übernehmen und so wird der E-Mail-Verteiler nochmals geöffnet. Weil man in der E-Mail A nach B und C doch wieder alle CC setzt und zu Mitwissern macht, bleibt lediglich die Hoffnung, dass einer Mitleid kriegt und sagt: »OK, ich löse das Problem.« Denn Entscheidungsohnmacht gibt es nicht nur bei Angestellten, die zu wissen glauben, nichts entscheiden zu dürfen. Es ist ein Phänomen, gegen das man sich ganz bewusst entscheiden sollte. Denn je schneller Dinge entschieden werden, die in der eigenen Macht liegen, desto weniger ohnmächtig sind Sie gegenüber anderen Entscheidungen und desto stärker kommt das Wohlgefühl auf, etwas bewirkt zu haben. Dieses befreiende Gefühl kennt jeder, der ein überfälliges Projekt angepackt und erledigt hat. Ob man nun die Garage aufräumt, ein fälliges Dokument abarbeitet oder einen fälligen Vertrag unterschreibt, ist für die »Lernkurve« schon beinahe egal. Denn die Kunst ist es, dieses Glücksgefühl in Hirn und Bauch zu speichern — und zu multiplizieren. Wenn das in Fleisch und Blut übergegangen ist, wird aus Ihnen ein Schnellentscheider, der stets nach dem gleichen Prinzip handelt: »Zeit ist jetzt und jetzt — und fort damit!«

3.10.4 High Noon für Entscheidungstaktiker

Positiv interpretiert ist Taktik nichts anderes als die Strategie, mit gewieften Schachzügen zu seinen Zielen zu gelangen. In Sport, Militär und Wirtschaft ergattern denn auch die Besten darin Heldenstatus. Die Medaille hat aber auch eine Kehrseite, auf der »Kalkül« und »Manipulation« steht, Wörter, die nun eine Mehrheit der Leser plötzlich nicht mehr so toll finden wird. Aber seien wir nicht katholischer als der Papst: Wir alle wollen Entscheidungen, die andere Menschen involvieren und so beeinflussen, dass sie ganz in unserem Sinne getroffen werden. Das beste Beispiel dafür ist die Erziehung der Kinder, die auch wunderbar als Metapher fürs Geschäftsleben funktioniert. Doch es gibt bessere und schlechtere Methoden. Diese zum Beispiel:

Verzögerungstaktik
Die Kinder wollen an der Kasse im Supermarkt dies und das haben. Es wird gequengelt, gestampft, geweint. Alle Augen richten sich auf uns. In uns steigt das Gefühl hoch, dass gute Eltern das lockerer und besser machen als wir. Und schon setzen wir sie ein, die Verzögerungstaktik. »Wenn wir zu Hause sind, kannst du dafür dies und das haben oder machen.« Nur Ruhe einkehren lassen, bevor die Situation eskaliert. Das funktioniert bei Kindern meist ganz gut, weil bereits eine Minute später etwas anderes ihre Aufmerksamkeit erregt. Was Eltern dann hoffen lässt, dass die Quengelei zu Hause nicht wieder anfängt.

Diese Taktik funktioniert im Geschäftsleben nur bedingt und maximal so lange, bis das Umfeld die Masche erkannt hat. Dann werden sie lauter werden, die unbequemen Fragen — bis hin zur eskalierenden Konflikten. Wird diese Taktik nicht angepasst, endet sie meist in Pattsituationen, die sich in aller Regel höchst unproduktiv aufs Arbeitsklima auswirken. Weshalb Probleme nicht unter den Teppich gekehrt, sondern von Vorgesetzten offen und direkt angesprochen gehören. Auch wenn es ermüdend ist, auch wenn es manchmal unsinnig erscheint, aber für ein Unternehmen gibt es kaum etwas Destruktiveres als unterschwellig lodernde Konflikte. Einzig bei Vertragsverhandlungen kann die Hinhaltetaktik so zermürbend auf das Gegenüber wirken, dass sich die gesetzten Ziele doch noch erreichen lassen. Aber bedenken Sie, das hat seinen Preis. Nicht selten liefern Sie Ihrem Gegenüber dadurch Munition, die bei nächstbester Gelegenheit gegen Sie verwendet wird — und die kommende Verhandlung für Sie ungut enden lassen kann.

Salamitaktik
Meist die Taktik, die nach der Verzögerungstaktik zum Einsatz gelangt — weil jene nicht mehr greift. Das Kind im Einkaufszentrum quengelt also nicht mehr, es liegt bereits tobend und außer sich auf dem Boden und fordert schreiend den Schokoriegel neben der Kasse. Der einzige Ausweg für Eltern — außer konsequent zu bleiben (was aber höchst unpopulär wäre): Man gibt nach. »Aber nur dieses Mal«, betonen wir — und wissen insgeheim, was passiert ist. Unsere Glaubwürdigkeit ist dahin. Was nicht nur Kinder für die Zukunft zu nutzen wissen.

ns Sie ständig das Gefühl befällt, dass bei Ihrer Arbeit alle Ihre ganze Hand haben wollen, wenn Sie mal einen Finger bieten, dürften Sie bereits einen ausgezeichneten Ruf als Salamitaktiker genießen. Was gleich das größte Übel davon aufzeigt: Sie werden mit Ihren Entscheidungen berechenbar. Haben Sie einen guten Strategen gegenüber, wird er Sie wie eine Geige spielen. Nämlich Situationen provozieren, in denen er genau weiß, wie Sie reagieren. Weshalb die Salamitaktik bei Entscheidungen selten die erfolgversprechendste ist.

Vollendete Tatsache
Das Ringen um Entscheidungen hat viel mit Macht und Machtdemonstration zu tun. Weshalb viele Eltern zuweilen überheftig reagieren und ihre autoritären Muskeln spielen lassen — und darüber vergessen, dass man nicht jede Schlacht gewinnen muss. Dass es im Gegenteil manchmal sogar sehr hilfreich ist, wenn gerade Teenager auch einmal einen Punktesieg für sich verbuchen können. Denn das verleiht ein Gefühl von Selbstbestimmung — ohne dass die Eltern deswegen die übergeordneten Leitplanken, zwischen denen sich ihr Nachwuchs bewegen kann, aus den Augen verlieren.

Im Geschäftsleben ist das nicht anders — außer, dass das Machtgerangel viel intensiver geführt wird. Denn hier geht es zusätzlich um Prestige — und aufpolierte Egos. So werden Entscheidungen zuweilen weitsichtig mit Manipulationsversuchen vorbereitet. Scheitern diese an den wachen Geistern im Büro, folgen schnell mal verdeckte und weniger versteckte Drohgebärden. Um dann die »Gefolgschaft« vor vollendete Tatsachen zu stellen. Selbstredend, dass dieser Weg der Entscheidungsfindung jegliche Eigenmotivation eines Teams über kurz oder lang zerschlägt. Was dem Ego des Entscheidungsträgers zuträglich sein mag, aber selten der Sache dient.

Abschließend stelle ich fest, dass Entscheidungstaktiker meist nur dann zu befriedigenden Ergebnissen gelangen, wenn sie sich im Prozess der Entscheidungsfindung selbst treu und ihren Mitspielern gegenüber offen bleiben. Denn jeder wählt seine Rolle selbst. Auch, wie glücklich sie ihn macht.

3.11 Einsame Entscheidungen – bis zum Suizid

Wirtschaftspresse ebenso wie Boulevardzeitungen stürzen sich auf die leider immer wieder auftretenden Dramen: »Top-Manager begeht Selbstmord.« Dahinter stecken ja nicht selten schillernde Persönlichkeiten. Die Öffentlichkeit ist betroffen, dass smarte Menschen, meist Männer, die komplexe Probleme der Wirtschaftswelt bewältigen, für sich selbst keinen anderen Ausweg als den Freitod sehen. Ich empfinde tiefes Mitgefühl für alle Angehörigen, die einen Partner, Vater, Verwandten, Freund oder Arbeitskollegen auf diese Art verloren haben. Den Hinterbliebenen stellt sich unweigerlich die Frage nach dem Warum. Warum haben wir die Zeichen nicht erkannt? Warum hat er seine Not nicht signalisiert? Auch die Medien beteiligen sich daran. Was war der Auslöser, was die Ursache? Letztlich aber begibt sich die Berichterstattung nur auf die Suche nach Schuld und Schuldigen. Das macht Quoten und Verkaufszahlen.

Daran möchte ich mich nicht beteiligen. Erstens, weil es mir nicht zusteht, zweitens, weil die Hinterbliebenen Raum und Privatsphäre verdienen, und drittens, weil jeder Fall sowieso anders gelagert ist. Der Problematik der einsamen Entscheide(r) aber möchte ich mich widmen, adressiere sie aber lieber an die Lebenden und versuche, Verallgemeinerungen zu vermeiden.

> **!** **Wichtig**
> Die Frau eines Managers ist die Witwe eines Mannes, der noch lebt.
> Lassen Sie es nicht so weit kommen.

Vorab: Das Phänomen betrifft auch Frauen, Männer aber sind überdurchschnittlich häufig betroffen – und gefährdet. Ob es am alten Klischee »echte Männer weinen nicht« liegt, bezweifle ich. Natürlich gibt es sie noch, die Prachtexemplare, die sich kaum öffnen und nicht über ihre Sorgen reden können. Aber die jüngeren Generationen haben dazugelernt, sind anders – und werden dennoch vom gleichen Symptom geplagt. Ich frage mich darum: Machen uns unsere Entscheidungen einsamer? Oder sind wir einsamer, weil wir entscheiden? Klingt fast gleich, macht aber einen feinen Unterschied.

3.11.1 Wir leben immer isolierter

Wer im Wirtschaftsleben die Hierarchien hochklettert, ist erstens intelligent, zweitens ehrgeizig und sich drittens bewusst, dass die Karriere ihren Preis hat: Familie, Arbeit, Freunde und Vergnügen sind bei der heutigen Dynamik der Wirtschaft rein zeitlich nicht mehr unter einen Hut zu bringen. Ein Teil davon bleibt zwangsläufig auf der Strecke, oft auch zwei. Erst recht, wenn auch der Lebenspartner ambitionierte Pläne hat. Die Luft ist dünn — aber die Aussicht ist nun mal schön auf der obersten Führungsebene.

Die knappe Freizeit, die Managern bleibt, zwingt sie zu Entscheidungen, ein Phänomen, das bereits Mitglieder des mittleren Kaders kennen.
- Bleib ich im Büro, werde ich meinen und den Ansprüchen meines Arbeitgebers gerecht, bin im Job immer einen Schritt voraus, sehe aber weder Familie noch Freunde.
- Verbringe ich meine Zeit mit der Familie, leidet der Job.
- Treffe ich meine Freunde, hängt der Familiensegen schief, weil ich Partner und Kinder sowieso schon viel zu selten sehe.

Weil Manager ehrgeizig sind, kippt die Arbeit kaum aus der Prioritätenliste, Familie und Freunde dagegen schon. Nicht, weil man die nicht mag oder weil man sie vernachlässigen will. Aber in der Arbeitswelt herrscht das Gesetz: Nur die Starken kommen durch. Wer in der Ellenbogengesellschaft nicht unter die Räder kommen will, muss erstens gut und zweitens hart sein. Und natürlich drittens: immer mehr leisten. Das treibt einsame Entscheider ja auch an. Wir wollen die Besten sein, an die Leistungsgrenze und darüber hinausgehen. Diese Stimmung im Kader zwingt sehr viele Menschen dazu, sich zu ändern, eine Rolle zu spielen. Sich ein Verhalten anzutrainieren, das eigentlich gar nicht zu ihrer Natur passt. Das macht sie zwar erfolgreich, aber selten glücklich. Zudem fragen sich Familie und Freunde, was aus dem Kerl geworden ist, den sie einst kannten und schätzten. Sie ziehen sich zurück, was dazu führt, dass sich die Betroffenen umso mehr in die Arbeit stürzen. Man wird zum »Führungsroboter«. Die Folge: »Isolationshaft« bei der Arbeit mit langen Arbeitstagen bis spät in die Nacht. Das birgt nicht selten die Gefahren, unbedachte und unbedeutende Affären einzugehen, die aber lediglich dazu dienen, Selbstmitleid und havariertes Ego aufzupolieren. Was letztlich das Gefühl der Isolation nur noch akzentuiert.

3.11.2 Wir machen uns immer einsamer

Es liegt in der Natur der Sache. Manager werden befördert, werden besser, erfahrener, steigen auf, entscheiden über immer komplexere Dinge. Dabei sind knallharte Entscheidungen gefordert. Was nun passiert, sind dreierlei Dinge:

»Niemand versteht mich«
Manager haben Entscheidungen zu fällen, die für außenstehende Partner und Freunde nur schwer nachvollziehbar sind. Die Konsequenzen: Manager entfernen sich von der Basis, fühlen sich unverstanden und ziehen sich zurück. Mehr noch: Sie scheuen das Gespräch, weil ihnen dabei nur allzu bewusst wird, in welch unterschiedlichen Welten sie leben. Eines hat meine Erfahrung gezeigt: Im Zweifelsfall sind Sie der Einzige, der eine (Personal-)Entscheidung verstehen muss — nicht die anderen.

»Ich bin der Beste — nicht mehr«
Die Arbeit nimmt einen überdimensional wichtigen Stellenwert ein. In der Folge wird das Selbstwertgefühl nur noch über Beruf und Erfolg definiert, nicht über die eigene Persönlichkeit. Weshalb Niederlagen, Nicht-Beförderungen und Kündigungen eine katastrophale Wirkung haben. Die Konsequenz: selbstgewählte Isolation.

»Ich weiß ja, aber kann nicht«
Was gibt es Schöneres, als gesteckte Ziele zu erreichen? Aber ganz im Ernst: Vielleicht gibt es nichts Brutaleres als das. Denn Manager, die alles erreicht haben, werden auf existenzielle Sinnfragen zurückgeworfen: »Wofür? War's das?« Und: »Was habe ich dafür alles geopfert?« Klar, dass dabei nicht nur gute Gefühle hochkommen. Denn Erfolg auf höchster Ebene hat seinen erbarmungslosen Preis und der heißt: Es gibt kaum ein Zurück. Denn welcher CEO würde von seiner Belegschaft noch akzeptiert, wenn er sich selbst in seinen einst heißgeliebten Job als Product Manager ohne Führungsverantwortung zurückversetzen würde? Sein Rückzug wäre auch mit einem Wechsel zu einer anderen Firma nicht zu erreichen. »Überqualifiziert«, würde man ihm nüchtern zu verstehen geben. Besser ist also dran, wer zum Zeitpunkt dieser Fragen alt und reich genug ist, um sich beispiels-

weise das Weingut leisten zu können, auf das er sich für den Lebensabend zurückziehen kann. Allen anderen Managern ist zu empfehlen, früh zu entscheiden, ob sie in dieser Welt wirklich mithalten möchten.

3.11.3 Wir werden nicht weiser...

Dass die Burnout-Raten in die Höhe schießen, ist kein Geheimnis. Trotzdem sind wir immer wieder überrascht, wenn es jemanden »erwischt«. Meistens sind es ja die »einsamen Entscheider«. Leider ist es nicht wie bei einem gebrochenen Bein, das alle gleich sehen und bei dem sie sich einfühlsam nach dem Wohlergehen erkundigen können. Die Betroffenen »siechen« über Monate, manchmal Jahre dahin, bis ihr Leiden diagnostiziert wird. In Therapien und Kuraufenthalten werden die Angeschlagenen langsam wieder auf die Beine gebracht. Und was passiert? Sie gehen zurück in den alten Beruf. Kann das gut gehen? Meiner Meinung nach kaum. Denn wer immer und immer wieder das Gleiche tut und auf ein neues Ergebnis hofft, wird immer enttäuscht werden.

3.11.4 ... aber wir können von einsamen Entscheidungen lernen

Sich einzugestehen, dass Werte, die man über Jahre hochgehalten hat, einem nicht gut getan haben, ist vielleicht die einsamste Entscheidung überhaupt. Und die Wichtigste, um nicht eines Tages bei den Meldungen »Top-Manager begeht Selbstmord« zu landen. Denn erst diese Erkenntnis ermöglicht eine Neuausrichtung und einen Neuanfang. Klar ist, dass dies nicht innerhalb von 24 Stunden vollzogen werden kann und wahrscheinlich auch einen Coach braucht.

Auch Unternehmen lernen dazu und »zwingen« ihre Angestellten regelrecht dazu, sich besser abzugrenzen. So gibt es Firmen, die ihren Mitarbeitern Mails nur noch bis 30 Minuten nach Büroschluss weiterleiten. Danach wird der digitale Briefkasten bis zum nächsten Tag geschlossen. Eine weise Entscheidung, die man natürlich auch ganz alleine für sich selbst treffen könnte. Das aber täuscht nicht darüber hinweg, dass »einsame Entscheider« in Vertrauensverhältnisse investieren müssen. Denn erst in einem

Kreis, in dem sie ganz sie selbst sein können, ist es möglich, Kraft und Energie zu tanken, die es braucht, das mörderische Tempo in der modernen Wirtschaftswelt überhaupt durchzustehen.

3.12 Auf- statt untergehen — oder wie Sie die Sommerfrische des Entscheidens entdecken

Im Radio läuft gerade ein Lied: »Der Mensch heißt Mensch, weil er vergisst, weil er verdrängt, weil er lebt.« Auch wenn das wohl einen Kern des Menschseins trifft, so stelle ich in unserer schnelllebigen Zeit doch fest, dass Informationen bei vielen nur noch ins Kurzzeitgedächtnis vordringen. Kein Wunder, wird die Informationsflut, die auf uns niederprasselt, doch täglich größer. Die Folge: Vieles geht unter, anderes stößt auf Gleichgültigkeit. Nicht nur Journalisten können davon ein Lied singen. Texte werden »quergelesen«, um in kürzerer Zeit noch mehr Infos konsumieren zu können. Im Geschäftsalltag gehen Erläuterungen unter, weil wir in den folgenden zehn Minuten von sieben Mails, drei Telefonanrufen, acht Facebook-Statusmeldungen und zwei Tweets aufgeschreckt werden. Nur wenige Menschen kommen mit dieser Lawine zurecht und können erstens Prioritäten setzen und zweitens alle relevanten Informationen zum richtigen Zeitpunkt wieder abrufen. Unser Gehirn ist mit diesem Arbeitstempo schlicht überfordert und stellt auf »Overdrive Mode« um. »Möglichst schnell weg mit dem Zeugs, dann belastet es mich nicht mehr«, mag sich da so mancher denken. Nun kann man diese Mentalität der Effizienzmaximierung achselzuckend zur Kenntnis nehmen, wild beklagen — oder ganz bewusst eine andere Entscheidung treffen. Ich habe mich für Letzteres entschieden.

3.12.1 Schicken Sie Ihre Entscheidungen in die Ferien

Sie kennen es. Der Urlaub steht vor der Türe, die Frau sagte wohin, der Chef wann und die Bank wie lange. Die letzten Tage vor Ferienbeginn arbeiten Sie, zumindest geistig und gefühlt, rund um die Uhr. Alles soll auf- und vorbereitet sein, nichts Unvorhergesehenes Ihre Stellung im Unternehmen trüben. Schließlich wollen Sie einen guten Job besser machen. Endlich kommt der Tag X. Sie reisen ab, erschöpft, atemlos, das letzte Unerledigte im Kopf.

Auf- statt untergehen — oder wie Sie die Sommerfrische des Entscheidens entdecken

Abschalten? Von wegen. Die ersten Tage verkommen zur Tortur. Die einen werden, wenn der Stresslevel sinkt, erst einmal krank, die anderen denken an dies und das, was sie zu machen vergessen haben. Erst Tage später kommt der Geist zur Ruhe, erreicht normale Betriebstemperatur, die Sie für Ihre Familie genießbar macht. Erst in diesem Zustand lassen sich die Batterien wieder aufladen. Klingt bekannt? Nun, dann soll Ihnen dieses Kapitel helfen, neue Wege auszuprobieren, die Ihnen mehr Zeit für gelassenere Entscheidungen lassen. Denn, wir wissen es, weise Entscheidungen entspringen nur einem ruhigen Geist. Und wann, wenn nicht in den Ferien, haben wir die Gelegenheit, zur Ruhe zu kommen?

3.12.2 Der Frick'sche Sommer

Ein Arbeitsmodell, das ich Ihnen aus eigener Erfahrung ans Herz legen möchte, ist der »Frick'sche Sommer«. Während neun Wochen im Sommer, so lange dauern die Schulferien in Österreich, nahm ich jeweils donnerstags und freitags frei. Vier Tage Urlaub, drei Tage Arbeit also. Eine herrliche Erfindung, die Sie mit einer Leichtigkeit belohnt, wie Sie diese wahrscheinlich seit Ihrer Schulzeit nicht mehr erlebt haben. Das funktioniert aber nur, wenn Sie sich an einen strikten Vier-Punkte-Plan halten.
- Erstens: Mittwochabends schreiten Sie zeitig aus dem Büro. Nachtarbeit ist strikt verboten.
- Zweitens: Planen Sie etwas für die freien Tage, andernfalls ist die Versuchung zu groß, doch ins Tagesgeschäft einzugreifen.
- Drittens: Das Mobiltelefon sollte mittwochabends in der Mittelkonsole Ihres Autos verstaut und erst am Montagmorgen wieder hervorgekramt werden.
- Und schließlich viertens: Keine E-Mails. Gar keine! Bereiten Sie sich schon mal auf die Entzugserscheinungen vor.

Die Vorteile liegen auf der Hand: Bei der Arbeit herrscht kein Stress durch intensives Vor- und Nacharbeiten, was gewöhnlich bei längeren Urlaubsreisen nicht zu vermeiden ist. Die E-Mails am Montagmorgen habe ich schnell erledigt, im Sommer läuft eh nicht so viel. Und auch eine Urlaubsübergabe musste ich nicht machen. Am wichtigsten aber: Der Erholungswert war riesig. Ich verbrachte einen lustvollen Sommer, den ich unbeschwert genießen konnte.

3.12.3 Machen Sie Urlaub — aber richtig!

Geht es trotzdem mal länger in den Urlaub, helfen weitere Tricks, wirklich abzuschalten. Das beginnt gleich am ersten Tag. Senden Sie sich selbst eine E-Mail — und warten Sie genüsslich auf die Abwesenheitsmeldung. Wenn sie eintrifft, »inhalieren« Sie die Zeit, die Sie nicht im Büro sein werden. Klingt einfach, funktioniert aber nur, wenn Sie es ganz bewusst machen. Wem das schwerfällt oder wer seinen Genuss noch steigern möchte, der schicke einfach eine zweite Mail hinterher. Und Wagemutigen sei der nächste Schritt empfohlen: Löschen Sie Ihren E-Mail-Account von Ihrem Smartphone. Ändern Sie das Passwort. Kappen Sie die Verbindung für die Dauer Ihrer Ferien. Denn es heißt nicht umsonst E*rholung*: Man muss sich diesen Freiraum auch ein Stück weit holen, erobern und verteidigen. Und das liegt einzig und alleine in unserer Verantwortung.

3.12.4 Seien Sie entbehrlich!

Ein Tipp, der uns allen vielleicht am schwersten fällt. Seien Sie entbehrlich! Denn wir alle sind es, glauben Sie mir. Gleichzeitig geben Sie Ihren Mitarbeitern damit die wertvolle Gelegenheit, sich zu beweisen und zu qualifizieren. Allerdings sollten Sie niemandem zu viel zumuten. Überforderung ist ein Motivationskiller. Zudem treffen Sie sonst am ersten Arbeitstag ein Chaos an, das den Erholungswert Ihres Urlaubs bereits in den ersten Stunden zunichtemacht. Übrigens bin ich der Überzeugung, dass uns Vorgesetzten diesbezüglich eine Vorbildrolle zukommt. Nur wenn der Chef richtig abschaltet, Urlaub macht und einfach nicht erreichbar ist, können auch Mitarbeiter ihrerseits die freien Tage in vollen Zügen genießen. Was das Unternehmen mit ausgeruhten, motivierten Angestellten belohnt. Wenn der Chef aber seine Ferien arbeitend verbringt und sich keinen persönlichen Freiraum gönnt, sendet er damit ein gefährliches Signal aus. In diesem Umfeld werden Ferien tendenziell nur mit einem latent schlechten Gewissen verbracht — aus falsch verstandener Loyalität.

Fakt ist: Erholung tut allen gut. Dem Chef, den Mitarbeitern, unseren Partnern, Familien — und sogar unseren Entscheidungen. Denn wir alle brauchen für unser Leben viel Energie. Umso wichtiger, dass wir unsere Batterien laufend aufladen. Am Wochenende und im Urlaub. Egal wie Sie es machen, gönnen Sie sich ganz bewusst »entscheidungsfreie Tage«, die Sie mit Menschen und Aktivitäten verbringen, die Sie inspirieren. Die Ruhe und Kraft, die Sie darin finden, wird Sie auch im hektischen Alltag beseelen. Und sei es nur als ferne Erinnerung an jenen inspirierenden Sommer, den Sie neun Wochen lang im gleitenden Ferien-Arbeit-Ferien-Modell verbracht haben. Spendieren Sie jenem Mitarbeiter, der Ihnen am wenigsten Mails während der Ferien geschickt hat, ein feines Abendessen.

4 Wegweiser zur besseren Entscheidungsfindung

oder: 10 Dinge, die die Lust am Entscheiden wecken

4.1	Entscheide, als wäre es dein letzter Tag — eines Tages wirst du recht haben	148
4.2	Wissen ist Macht. Nicht alles wissen, macht auch nichts.	150
4.3	Die Neuentdeckung der Leichtigkeit	153
4.4	Sei mal nicht du selbst — Anleitung zum Perspektivenwechsel	156
4.5	Neue Rituale fördern neues Denken	158
4.6	Das Ballaststoff-Wunder	161
4.7	Neue Optionen erkennen — mit einem Hauch von Drama	165
4.8	In Ihrem Leben spielen Sie die Hauptrolle — aber kennen Sie auch Ihren Text?	167
4.9	Der Segen schwerer Entscheidungen	171
4.10	Der Entscheidungskompass	174

4.1 Entscheide, als wäre es dein letzter Tag — eines Tages wirst du recht haben

Schon die alten Römer wussten: Es ist nicht alles Trübsal, was man blasen kann. Wer in den südlichen Gefilden Urlaub macht, weiß, was ich meine. In aller Regel kehren wir mit einer beschwingten Einsicht zurück: »Die wissen eben das ‹Dolce far niente' zu genießen«, sagen wir. »Die ‹Siesta' ist eine tolle Sache.« Und »Hakuna Matata« (auf Swahili: Es gibt keine Probleme) zaubert allen ein Lächeln ins Gesicht. Nur: Kaum aus den Ferien zurück, holt uns der hektische Arbeitsalltag ein — und mit der bewunderten Unbeschwertheit ist es dahin. Nehmen wir in unseren Breitengraden das Leben zu ernst?

Tatsache ist: Überall haben wir Erwartungen zu erfüllen — im Beruf, in der Partnerschaft, der Familie, selbst in der Freizeit stellen Hobbys oder Sportclubs Anforderungen. Kein Wunder, wenn wir immer verkrampfter werden und meinen, Normen erfüllen zu müssen. Denn nicht nur unser Tun, auch was wir sagen, wird überwacht — und hat politisch korrekt zu sein. Ist also unsere Leistungsgesellschaft schuld, die immer mehr von uns fordert? Ganz so leicht dürfen wir es uns aber doch nicht machen. Denn jeder Einzelne von uns hat jeden Tag aufs Neue die Wahl: miesepetrig durchs Leben zu gehen oder mit einem Lächeln durch den Tag zu wandeln.

Jeden Tag, an dem Sie aufstehen, entscheiden Sie, wie Ihr Tag ausgehen wird. Denn Glück ist nicht etwas, das uns zufällig findet. Es ist eine bewusste Entscheidung. Machen Sie es wie Nelson Mandela, eine der eindrücklichsten Persönlichkeiten der letzten Jahrzehnte. Er hätte allen Grund gehabt, die Schuld für die Misere eines ganzen Landes einem unfairen System in die Schuhe zu schieben. Doch das alleine verändert keine Realität. Auf seinem langen Weg zur Freiheit dachte und handelte er proaktiv — und fand stets Inspiration in einem Gedicht, das in diesen Zeilen endet:

I am the master of my fate.
I'm the captain of my soul.

4 Entscheide, als wäre es dein letzter Tag — eines Tages wirst du recht haben

So bin ich doch der Meister meines Lebens,
Bin ich der Herr in meinem Seelengarten.
William Ernest Henley

»Carpe diem«, den Tag zu genießen, heißt eben nicht nur, sich hedonistisch der Schokoladenseite des Lebens zu widmen. Sondern auch, bewusste Entscheidungen zu treffen, die Sie zu einem erfüllten Leben befähigen.

4.1.1 Tipp 1: Machen Sie eine Trübsal-Liste — und den Sterbebett-Test

Etwas, das immer hilft, ist eine Trübsal-Liste. Schreiben Sie auf, was Ihnen über die Leber gelaufen ist, was die Laune trübt, wo der Schuh drückt.
- Frage 1: Was beschäftigt mich?
- Frage 2: Was hindert mich daran, die Situation zu ändern?
- Frage 3: Hält mich etwas oder jemand zurück?

Gleichen Sie Erwartungshaltung und Erfüllungsgrad ab. Diagnostizieren Sie ehrlich, woran es liegt: An Ihnen? Am Umfeld? Aber tun Sie sich einen Gefallen: Wann immer Sie sich und Ihr Leben analysieren, tun Sie es mit einer milden Bestimmtheit. Im Wissen, dass Eigenverantwortung der Garant dafür ist, damit Dinge so kommen, wie wir uns das wünschen. Aber bleiben Sie dabei frisch, frech und fröhlich. Streuen Sie auch mal eine witzige Bemerkung dazwischen. Das Ziel muss sein, auch mal über sich selbst herzhaft lachen zu können. Und insbesondere, versuchen Sie nicht immer perfekt zu sein. Denn am Ende des Lebens ärgern wir uns mehr über die Dinge, die wir nicht gemacht und gewagt haben.

Eine Inspiration bietet dabei der Sterbebett-Test. Stellen Sie sich abends vor, Sie würden auf Ihrem Sterbebett liegen.
- Was bereuen Sie?
- Was zaubert ein Lächeln auf Ihr Gesicht?
- Was haben Sie heute getan, das Sie stolz macht?
- Mit wem möchten Sie mehr Zeit verbringen?
- Was wollten Sie wem schon immer mal sagen?

Nehmen Sie diese Gedanken als Kompass für den nächsten Tag mit. Und machen Sie es sich zur Regel, jeweils einen Punkt in die Tat umzusetzen. Ohne Kompromisse, ohne Ausreden. Wenn Sie das 21 Tage lang machen, schenken Sie sich eine neue Gewohnheit, die Ihr Leben voller und erfüllter machen wird. Denn dann rufen Sie Ihre Eltern an, die Sie schon lange nicht mehr gesprochen haben. Sie überraschen Menschen, die Ihnen wichtig sind, mit einer kleinen netten Geste. Und Sie schreiben sich in einen Kurs ein, den Sie schon lange einmal machen wollten, zu dem Sie sich aber nie überwinden konnten.

Leben Sie, als wäre es Ihr letzter Tag. Erstens werden Sie eines Tages recht haben. Und zweitens verschieben Sie nicht alles auf morgen. Denken Sie daran:

> **Wichtig**
>
> Geduld bringt Rosen. Klar. Aber zwischendurch ungeduldig ein paar Tulpen zu züchten, macht auch recht froh.

4.2 Wissen ist Macht. Nicht alles wissen, macht auch nichts.

Gerade bei wichtigen Entscheidungen glauben wir, wir wären erst beschlussfähig, wenn wir alle Faktoren kennen würden, die den Ausgang unseres Entscheids beeinflussen könnten. »Würden, könnten, wären ...«, schon diese Formulierungen sollten Sie skeptisch machen. Denn nichts könnte unzutreffender sein. Daran sollte uns ein Bonmot erinnern, das generell als weise anerkannt wird:»Wer weiß, dass er nichts weiß, weiß schon mal verdammt viel.« Wir alle nicken bei diesem Spruch zustimmend, lassen dann aber selbst keine Wissenslücken zu.

> **Beispiel**
>
> An dieser Stelle ein pointiertes Beispiel dafür, wie wir stets nach Entscheidungsoptimierung suchen. Darf ich vorstellen: Die fünf todsicheren Tipps für Frauen auf der Suche nach dem Traummann:

Wissen ist Macht. Nicht alles wissen, macht auch nichts. **4**

1. Halten Sie Ausschau nach einem Mann, der im Haushalt hilft, ab und zu kocht, bügelt und am Ende des Monats eine anschauliche Lohntüte nach Hause bringt.
2. Entscheiden Sie sich für einen vertrauensvollen Partner, der immer ehrlich ist.
3. Finden Sie einen Mann, der ein hervorragender Liebhaber ist und Sie vorbehaltlos liebt.
4. Ohne Kompromiss, nehmen Sie einen Mann, der Humor hat und Sie immer zum Lachen bringt.
5. Das Allerwichtigste: Achten Sie darauf, dass sich diese vier Männer nie begegnen.

Sie sehen, die perfekte Lösung gibt es selten. Wie aber reagieren wir auf diese Fehlbarkeit? Nun, die einen ignorieren diese Erkenntnis, recherchieren und analysieren möglichst viele Informationen, stellen Wahrscheinlichkeitsrechnungen an und versuchen damit, möglichst alle Faktoren auszuschließen, die dem gewünschten Ausgang in die Quere kommen könnten. Andere wiederum gestehen sich ihre eigene Begrenztheit ein — und heuern Berater an. Das geschieht im Berufsleben genauso wie im Privaten. Egal ob Astrologe oder Business-Consultant, ob Handleser oder Think Tank — Externe sollen uns helfen, Informationslücken zu schließen und die Risiken für einen unbefriedigenden Ausgang zu minimieren. Nur, wer zu sehr und auf zu viele Berater setzt, vergisst häufig, sich sein eigenes Urteil zu bilden, und macht sich dadurch manipulierbar und abhängig.

4.2.1 Tipp 2: Seien Sie ruhig einmal nicht ganz hundertprozentig

Der Rat, nicht alles wissen zu wollen, scheint auf den ersten Blick banal. Ganz so trivial aber ist er nicht. Denn auch das Gegenteil ist trügerisch. Wer nämlich Entscheidungen auf die allzu leichte Schulter nimmt, setzt sich der Gefahr aus, von komplett irrelevanten Informationen beeinflusst zu werden. Das zeigt sich beispielsweise, wenn mal wieder Ausverkauf ist. Nur weil eine Tafel »Halber Preis« verspricht, glauben wir, ein Schnäppchen zu machen. Selbst, wenn sich dahinter ein überhöhter Preis versteckt. Und wer im Internet Fragen nur oberflächlich googelt, vertraut möglicherweise den falschen Informationen. Denn aus Zeitgründen konsultiert heute nur noch jeder Fünfte die zweite Suchresultat-Seite. Die Treffer auf der ersten Seite aber stehen nicht da, weil sie am zutreffendsten wären, sondern weil sie bezahlt oder suchmaschinenoptimiert sind. Und schon sind wir wieder einer gezielten Fehlinformation auf den Leim gegangen.

Darum: Schützen Sie sich vor beidem, oberflächlichem Wissen genauso wie vor einem Informations-Overload. Streben Sie bei einer Sachlage darum eine 80 Prozent-Wissensquote an. Erliegen Sie nicht der Versuchung, immer alles zu 100 Prozent ergründen zu wollen. Erstens verlieren Sie dabei zu viel Zeit — und nicht selten die Nerven. Zweitens braucht es für die letzten 20 Prozent, welche das Entscheidungsvotum höchst selten nochmals auf den Kopf stellen, einen überproportionalen Einsatz. Und drittens verändern sich in unserer schnelllebigen Zeit die Fakten zu rasch, um auf ein vollständiges Wissen setzen zu können. Wie aber wissen Sie, wann Sie bei 80 Prozent angelangt sind? Ganz einfach, wenn Sie sich im Kreis zu bewegen beginnen. Diesen Moment erkennen Sie, wenn mehr Zeit ins Grübeln investiert wird als in Produktivität. Hier ein paar Tipps, wie Sie den Mut zur Lücke finden.

1. Reduktion
Versuchen Sie alles, was wichtig ist, auf das Essentielle zu komprimieren. Das heißt: Definieren Sie Zielformulierungen in einem Satz ohne Kommas. Ideenbeschreibungen gehören auf maximal eine Seite. Und selbst komplexe Konzepte gehören auf zehn Seiten reduziert. Denn das zwingt Sie, in Ihren Gedanken präzise zu sein.

2. Reduktion
Der Klassiker: Es ist mal wieder Sitzung, alle gehen hin, alle sprechen, aber niemand sagt wirklich etwas Relevantes. Darum versuchen Sie mal ein Experiment: Gewähren Sie allen Sitzungsteilnehmern maximal vier Sätze Sprechzeit. Das beschleunigt jedes Meeting. Zudem zwingt es alle, sich präzise auszudrücken. Und nicht zuletzt: Es entlarvt alle »Lückenfüller«, also all jene, die viel reden, aber keine Inhalte liefern. Die werden so schnell offenbar — und still.

3. Reduktion
Erheben Sie Sätze mit »Ja, aber« zum No-Go, zum absoluten Verbot. Denn »Ja, aber« gaukelt vor, mit etwas einverstanden zu sein, ist aber letztlich nichts anderes, als freundlich »Nein« zu sagen. Beispiel: »Ich liebe Rot, aber ich trage nur Blau.«

Sprich: Wer in »Ja, aber«-Sätzen spricht, verschwendet nur unsere Zeit. Zensieren Sie darum alle »Ja, aber«, bei Ihren Gegenübern, aber auch in Ihren eigenen Gedankengängen.

Und zum Schluss eine Erkenntnis aus dem Hause Frick: Im Leben geht es nicht darum, alles zu wissen. Wissen sollte man nur, weshalb etwas zu einem Erfolg wurde. Oder zum Misserfolg. Aber denken Sie daran: Vermutungen sind noch kein Wissen, halten Sie es darum auch bei den Erklärungen mit der Prägnanz. Formulieren Sie die Gründe in kurzen Sätzen. Seien Sie kritisch, fragen Sie nach und entwickeln Sie über die Jahre Ihre eigene Erfolgstheorie. Auch wenn sie nicht in jedem Fallbeispiel funktionieren wird, damit trainieren Sie ein Sensorium, das Ihnen hilft, häufiger erfolgreiche als nicht erfolgreiche Entscheidungen treffen zu können.

4.3 Die Neuentdeckung der Leichtigkeit

»Take it easy«, ist ein geflügeltes Wort, das vor einer gefühlten Ewigkeit mal hip war. Damals rief man sich die Floskel lässig zum Abschied zu. Dem Establishment zeigte man damit betont die kalte Schulter und das Einzige, was sich wirklich schnell bewegte, war die Schallplatte auf dem Plattenteller. Und heute? Dreht unsere Welt immer schneller. Kritische Geister sprechen vom »Rat Race«, dem Hamsterrad, in dem wir uns abstrampeln. Und ab dem mittleren Kader aufwärts hebt man die Zahl der geleisteten Überstunden stolz wie eine Trophäe in die Höhe. Ist ein Manager mit zehn Anrufen in Abwesenheit doppelt so wichtig oder schlechter organisiert als einer mit fünf? Und »easy«? Ist nur noch eine Reminiszenz aus alten Hippie-Jahren.

Einfach? Es gibt kein einfach. Einfach ist schwierig.
Martin Scorsese

Ohne Frage, die Geisteshaltung des grandiosen Filmemachers führt zu erstklassigen Resultaten. Das Problem: Wir gehen selbst unsere Freizeit und unser Privatleben mit dem gleichen Biss an. Marathonlaufen, Triathlon und andere Adrenalin-Sportarten erfreuen sich großer Beliebtheit. Das Motto: »Gehe an deine Grenze.« Das macht uns verkrampfter und »don't worry about a thing« ist etwas, das wir nur noch aus Songs von Bob Marley und Konsorten kennen. Viele werden mir entgegnen, dass jede Epoche eben ihre eigenen Gesetze hat, und dass man sich dagegen nicht wehren kann. Da sind sie nicht alleine, davon sang auch schon ein erfolgreicher österreichischer Liedermacher.

Der Himmel würfelt leider nicht.
Mein ganzes Glück ist nur die Pflicht zu leben
zu leben wie's mir gegeben war.
Ob Sieger oder graue Maus
Aus deiner Haut kommst du nie raus
Weil's eben, weil's eben dir vorgegeben war.
Rainhard Fendrich

Das klingt nach Ohnmacht, nach Pflichtübung. Ich dagegen bin der Meinung, dass man mit seinen Entscheidungen Dinge und Leben gestalten kann. Und wenn der Himmel schon nicht für uns würfelt, dann können es wenigstens wir tun. Und hin und wieder unser Glück versuchen.

4.3.1 Tipp 3: Die Würfel sind gefallen

Wenn Sie mal wieder mit sich im Clinch liegen, tagelang Pros und Kontras auflisten und dabei immer mehr Papier beanspruchen, aber nicht schlauer werden, gibt es einen Ausweg: Nehmen Sie den »Entscheidungssimulator« zur Hand, greifen Sie nach den Würfeln und würfeln Sie Ihre Entscheidung herbei. Ja, richtig gelesen. »Glücksspiel«, meinen Sie skeptisch. Keineswegs, denn obwohl Sie die Würfel rollen lassen, wird nicht der Zufall entscheiden.

Die Neuentdeckung der Leichtigkeit 4

Denn er agiert lediglich als »Agent Provocateur«, der Ihre Entscheidung provoziert. Die Spielregeln sind einfach:

Schnappen Sie sich aus einer Spielschachtel einen Würfel und schreiben Sie sich eine Entscheidungslegende, die Sie ganz Ihrer Fragestellung anpassen. Ein Beispiel soll es verdeutlichen: Heidi hat von Peter einen Hochzeitsantrag erhalten, weiß aber nicht, wie sie sich entscheiden soll.

- 1 = Ja, ich heirate Peter.
- 2 = Ich will nicht heiraten, aber wir bleiben zusammen.
- 3 = Peter ist OK, aber Urs ist auch nicht übel.
- 4 = Weder Peter noch Urs sind mein »Prinz«.
- 5 = Ich trenne mich von Peter, das hat keine Zukunft.
- 6 = Ich gehe ins Kloster.

Jetzt Augen schließen, durchatmen, konzentrieren Sie sich. Rollen Sie den Würfel mit der festen Absicht, das Ergebnis zu akzeptieren — und umzusetzen. Und siehe da: Ihr Bauch wird bei jedem Resultat reagieren — und je nachdem rebellieren. Ein klarer Beweis, dass die gewürfelte Option nicht im Einklang mit Ihren Plänen und Zielen steht. Würfelt Heidi beispielsweise »Ja, ich heirate Peter« und spürt, wie sich ihre Kehle zuschnürt, muss sie nur noch herausfinden, ob es an ihr oder an Peter liegt. Darauf werden die weiteren Würfe Antwort geben. Spielen Sie weiter, bis Ihr Bauch nicht mehr rebelliert — oder Ihr Geduldsfaden gerissen ist. Heidi hat sich nach dem Würfeln übrigens dann doch für Peter entschieden. Weil es ihr vor Augen geführt hat, dass ihre Verlustangst größer ist als der Mut, nochmals neu anzufangen. Ob das gut ist? Werten Sie nicht. Denn die Würfel konfrontieren uns gnadenlos mit unserer Persönlichkeitsstruktur. Auch das zeigen uns die zufällig hingeworfenen Zahlen. Für selbstkritische Zeitgeister also eine hilfreiche Selbstanalyse.

Würfeln kann auch helfen, Ihre Freizeit oder sogar Ihren Haushalt zu planen. Teilen Sie jeder Zahl eine Aktivität zu und schwups — würfeln und akzeptieren Sie den Ausgang. Falls Ihnen dann Klettern als neues Hobby keinen Spaß macht, haben Sie fürs nächste Mal schon etwas gelernt und können besser entscheiden.

Fatalisten übrigens schnappen sich für den Entscheidungssimulator einfach eine Münze, die groß und schwer genug ist, um sich oft genug zu drehen, wenn sie in die Luft geworfen wird. Dann gilt:
- Kopf = Ja
- Zahl = Nein

Dazwischen gibt's nichts. Und los geht's. Der Spannung zuliebe können Sie ein »Best of Five« werfen, also das Prozedere fünfmal wiederholen, bis Kopf oder Zahl zuerst drei Mal erscheinen. Danach gilt die gleiche Mechanik wie bei den Würfeln. Rebelliert das Bauchgefühl, kennen Sie Ihre Entscheidung.

Probieren Sie es aus! Sie werden schnell sehen, dass Sie mit Würfeln spielerisch leicht und schnell Entscheidungen provozieren können, für die Sie sich sonst tagelang das Hirn wund denken.

Im Anhang finden Sie eine Würfelvorlage zum Ausschneiden oder zum Kopieren. Diese können Sie je nach »Entscheidungsproblem« individuell gestalten.

4.4 Sei mal nicht du selbst — Anleitung zum Perspektivenwechsel

»Ich könnte aus der Haut fahren«, ist eine Redewendung, die erstens in Vergessenheit geraten ist und zweitens allzu selten praktiziert wird. Denn häufig könnte es uns nicht schaden, Dinge mal aus einem anderen Blickwinkel zu betrachten. Schließlich kennen wir das Phänomen alle: Bei anderen stechen uns Probleme gleich ins Auge, während sie bei uns selbst über Jahre nicht mal auffallen. Warum? Weil die Realität von Projektionen und Wunschdenken überlagert wird und wir dadurch das sprichwörtliche Brett vor dem Kopf haben.

Nur die Oberflächlichen kennen sich selbst.
Oscar Wilde

4 Sei mal nicht du selbst — Anleitung zum Perspektivenwechsel

Seit man Sie in die Wiege legte, entschieden Sie sich, eine gewisse Persönlichkeit zu entwickeln. Natürlich prägten Sie Veranlagung, Familie und Umstände nicht unwesentlich mit, aber grundsätzlich schlummerte in Ihnen das Potenzial für ganz unterschiedliche Existenzen. Vielleicht ja vom verwirrten Mathe-Professor über den gestrengen Banker bis zum galanten Hochstapler. Irgendwann fanden Sie Ihre Rolle und perfektionierten diese bis zur wunderbaren Persönlichkeit, die Sie heute sind. Das ist gut so, denn andernfalls wären Sie mit den Herausforderungen einer gespaltenen Persönlichkeit konfrontiert.

Wenn es um Entscheidungen geht, tendieren zumindest offene Zeitgenossen dazu, sich mit anderen auszutauschen. Manche konsultieren Mentoren, professionelle Lebens- oder Unternehmensberater, andere ein Medium, das einen Blick auf die »andere Seite« in Aussicht stellt. Warum aber konsultieren Sie nicht mal sich selbst? Machen Sie einen Rollentausch, schlüpfen Sie in eine Persönlichkeit, die Sie durchaus hätten sein können.

4.4.1 Tipp 4: Seien Sie mal nicht Sie selbst

Haben Sie schon mal vom russischen Psychotherapeuten Vladimir Raikov gehört? Spannend, was er herausgefunden hat. Er versetzte seine Patienten in Hypnose und gab ihnen zu verstehen, brillante Persönlichkeiten wie Rembrandt, Mozart oder Einstein zu sein. Und siehe da: Die Versuchspersonen trumpften urplötzlich mit Einsichten und Talenten auf, wie wir sie von den großen Denkern und Machern kennen. Die Technik wurde unter dem Namen »Borrowed Genius« bekannt, was so viel wie »geborgtes Genie« bedeutet. Es geht aber auch ohne Trancezustand, wie Walt Disney bewies.

Wenn du es träumen kannst, kannst du es tun.
Walt Disney

Walt Disney war bekannt für seine Kreativität. Und die war alles andere als ein Zufallsprodukt. In seinem Büro hatte er nämlich drei Sessel stehen, die nie verrückt wurden. Je nach Entwicklungsphase eines Projekts setzte er sich in den einen oder anderen Sessel. Im ersten nahm er Platz, wenn er eine neue Idee entwickelte. Dementsprechend nannte er diesen Sessel

Dreamer, Träumer also. Dabei entwickelte er Ideen ohne Grenzen und Gedanken an Machbarkeit oder dergleichen. Den zweiten nannte er »Realist«. Wenn er sich hier niederließ, drehten sich seine Gedanken nur um die Verwirklichung seines Traums. War die Idee auch machbar? Zum Schluss setzte er sich in den Sessel, den er »Kritiker« nannte. Dabei beschäftigte er sich nur noch mit den Dingen, die sein Projekt gefährden oder scheitern lassen konnten. So schuf er Projekte, die noch heute Millionen verzaubern.

Lassen Sie sich von diesen Tricks inspirieren, ohne gleich einen Hypnotiseur aufzusuchen oder drei verschiedene Sessel kaufen zu müssen. Schlüpfen Sie in die Rolle von Menschen, deren Werte Sie teilen — oder eben gerade nicht.
- Frage 1: Wie würde Nelson Mandela dieses Problem lösen?
- Frage 2: Was würde Pep Guardiola machen?
- Frage 3: Wie würde Verona Pooth entscheiden?

Nelson Mandela öffnet mir die Augen für die ethisch moralische Sichtweise. Pep Guardiola für die strategisch ausgeklügelte Lösung, die (hoffentlich) ihrer Zeit voraus ist und Verona? Nun, sie ist viel cleverer, als man ihr gemeinhin zugesteht und sie hilft mir, eine Herausforderung von der pointierten, emotionalen und femininen Seite zu betrachten.

Wählen Sie Ihre eigenen Persönlichkeiten aus und lassen Sie Ihren Gedanken freien Lauf, wenn Sie diese »interviewen« — keine Kontrolle, keine Angst vor Blamagen. Ich verspreche Ihnen: Sie werden mit diesem Mechanismus viel Spaß haben — und dabei darüber hinaus mit ganz neuen Sichtweisen konfrontiert werden. Und wenn sich dann eine Entscheidung doch als falsch herausstellt? Auch nicht weiter schlimm. Denn jetzt wissen Sie: Nelson Mandela hätte es nicht anders gemacht.

4.5 Neue Rituale fördern neues Denken

Die Macht der Gewohnheit lässt uns so manche Dinge tun, die wir kaum bedacht, geschweige denn zu Ende gedacht haben. Gewohnheiten sind nämlich nichts anderes als gedankliche Abkürzungen. Sie bieten uns den Komfort, Überlegungsprozesse auf Bewährtes abzustützen. So brauchen

Neue Rituale fördern neues Denken **4**

wir bei Entscheidungen nicht jedes Mal alles wieder zu hinterfragen, sondern rufen Erfahrungen ab, die sich in unserem Unterbewusstsein eingebrannt haben. Damit sind wir zwar geistig schneller, aber selten origineller bei unseren Entscheidungen. Tatsache ist: Gewohnheiten führen uns ständig in Versuchung, das zu tun, was wir eh schon immer gemacht haben. Und trotzdem hoffen wir dabei auf neue Resultate? Das ist eine Logik, die Sie immer wieder aufs Neue enttäuschen wird. Darum lohnt es sich, übrigens nicht nur bei Entscheidungen, Gewohnheiten zwischendurch über Bord zu werfen. Verzichten Sie mal auf den Espresso nach dem Essen, auf die Zigarette danach, auf Ihr Stammlokal. Wählen Sie mal einen neuen Weg nach Hause. Plaudern Sie mit Ihrem Gegenüber im Bus oder Zug, statt still in die Ferne zu blicken. Sie werden dabei schnell entdecken, dass das Leben viel abwechslungsreicher ist, als wir zu glauben meinen.

> Doris Day hieß nicht Doris Tomorrow, denn sie entschied lieber heute als morgen. **!**

Gewohnheiten haben zudem einen Nebeneffekt, vor dem Sie kein Apotheker warnt. Sie lullen uns ein. So reden wir uns ein, wir entscheiden besser in den eigenen vier Wänden, sprechen es mit unseren Vertrauenspersonen ab, wollen nochmals darüber schlafen — oder Sie haben noch ein anderes Ritual, das alles etwas verzögert. Dagegen ist nicht wirklich etwas einzuwenden. Aber werden Sie sich klar: Es können auch Sabotageakte sein, die uns Entscheidungen tagelang vor uns hinschieben lassen. Wer es einmal lieber anders und schneller machen will, lässt die Zeit für sich arbeiten.

4.5.1   Tipp 5: Der Aufzug zur Erleuchtung

Sie schlagen sich mit einer Frage herum, die Sie schon seit Tagen hin und her wälzen? Die Pro-und Kontra-Liste wird nur länger, aber nicht aussagekräftiger? Sie können sich weder für das eine noch das andere entscheiden? Dann gibt es nur eines: Ab in die Zeitmaschine. Und das geht so:

Gehen Sie zu Hause nochmals alle Punkte durch. »Inhalieren« Sie die Ausgangslage, ohne eine bewusste Entscheidung zu treffen. Saugen Sie einfach alles auf, das Sie in die Pattsituation geführt hat, in der Sie gerade stecken. Nun verlassen Sie das Haus. Sie ziehen dabei die Türe hinter sich zu, im Bewusstsein, dass Sie mit einer Entscheidung nach Hause kehren werden. Genießen Sie dieses Gefühl der Erleichterung — und denken Sie jetzt an alles andere. An den Film, den Sie gestern gesehen haben, das bevorstehende Wochenende oder was immer Sie bei Laune hält. Nur eines ist dabei wichtig: Es darf nichts mit der Entscheidung zu tun haben, die Sie jetzt dann gleich fällen werden.

Derweil steuern Sie zielsicher das höchste Gebäude in Ihrer Umgebung an. Das hat bestimmt einen Lift — und genau den nehmen Sie. Mit dem Vorsatz, während der Dauer der Liftfahrt die Entscheidung zu treffen, die Sie nun schon seit Tagen quält. Bevor Sie den Lift per Knopfdruck anfordern, machen Sie sich die Fragestellung nochmals kurz bewusst. Schon öffnet sich die Türe. Nun betreten Sie die »Maschine«, die Sie während der Fahrt nach oben zur Lösung katapultieren wird. Sie drücken nämlich die Taste zur obersten Etage. Wer dramatisch veranlagt ist, kann kurz »Spiel mir das Lied vom Tod« summen. Denn jetzt ist »High Noon«. Setzt sich der Lift in Bewegung, beginnt auf dem Stockwerk-Display der Countdown. Diese Zeit bleibt Ihnen, bis Sie sich entschieden haben. Ein Tipp: Horchen Sie in sich hinein, während der Zeitdruck Ihnen die Kehle zuschnürt. Ziehen Sie die Entscheidung, die sich am besten anfühlt. Ganz wichtig: Stellen Sie sich darauf ein, dass Sie bei Ihren Gedankengängen unterbrochen und abgelenkt werden, der Lift anhält und neue »Fahrgäste« zusteigen. Doch genau das gehört dazu. Denn diese äußeren Einflüsse werden Ihnen noch klarer aufzeigen, womit Sie sich wohler fühlen. Oben angekommen steigen Sie aus dem Lift — mit einer Entscheidung, von der Sie nicht mehr abweichen. Vertrauen Sie dem Zeitdruck, der Sie so arg in Bedrängnis bringt, dass Ihr Unbewusstsein ganz automatisch die Option wählt, mit der Sie sich am wohlsten fühlen. Völlig unbeschwert und um eine Adrenalin-Erfahrung reicher können Sie nun die Fahrt nach unten antreten — und die Entscheidung gleich umsetzen. Lassen Sie keine Zweifel mehr zu.

Für alle, denen das zu schnell geht. Es gibt eine »Slow-Motion«-Option zum Fahrstuhl — allerdings nicht ohne Schweißtropfen. Denn für das gleiche Prozedere können Sie auch Ihren Frühmorgenlauf nutzen. Oder wer lieber schwimmt, stürzt sich für einen Kilometer ins Schwimmbecken. Bevor Sie loslegen, machen Sie sich wieder die Fragestellung bewusst. Dann starten

Sie mit der eisernen Absicht, am Ende des Trainings mit einer Lösung dazustehen. So starten Sie gleich mit einem Doppelerfolg in den Tag:
- Entscheidung gefällt? Check!
- Für Körper und Geist etwas Gutes getan? Check!

4.6 Das Ballaststoff-Wunder

Die meisten von uns streben nach einem »vollen Leben«, gefüllt mit Liebe, Glück, Freunden, Reisen, Grund und Boden, Limousine und, ach ja, an Cash soll es auch nicht fehlen. Daran ist grundsätzlich nichts auszusetzen. Nur: Wir akkumulieren dabei viele Dinge, die uns letztlich eher belasten als glücklich machen. Das Fitness-Abo als Paradebeispiel. Eigentlich eine tolle Sache. Nur bei vielen stärkt es einzig das schlechte Gewissen, weil sie viel zu selten hingehen. Aus Studien weiß man aber, dass Personen, die im Januar ein Jahres-Abo eingehen, häufiger das Studio besuchen als jene mit einem Monats-Abo. Man sieht — die Gier ist immer und überall. Oder all die Newsletter, die wir abonnieren, um besser informiert zu sein und eloquenter auftreten zu können. In Wahrheit fluten Sie lediglich unser digitales Postfach mit Lektüre, die wir irgendwann lesen wollen — nur nicht jetzt. Das Resultat: Stress und noch mehr schlechtes Gewissen.

Ein Bekannter von mir hat mir einmal geraten, nur so viel anzuhäufen, wie in einem Rucksack Platz hat. Schöner Gedanke, schließlich sind die Dinge, die uns glücklich machen, meist gratis und immateriell. Nur, und ich gebe es zu, genieße ich hin und wieder gerne auch die materielle Seite des Lebens. Dennoch klingeln mir seine Worte hin und wieder in den Ohren. Was mich dazu inspiriert hat, mindestens einmal jährlich mit mir das zu tun, was für unsere Behausungen Usus ist: Frühjahrsputz. Sprich: Raus mit unnötigem Ballst und die Dinge entstauben, die uns eigentlich wichtig wären, die wir aber aus den Augen verloren haben. Manche nennen das dann auch Beziehungspflege.

4.6.1 Tipp 6: Frühjahrsputz

Warum eigentlich heißt es »Frühjahrsputz«? Nun, ganz einfach, weil sich die dunkle Jahreszeit und der Mief des Stubenhockens endlich verziehen. Und weil uns die Lebenskraft und -freude, die sich in der Natur zurückmelden, mit positiver Energie und guter Laune versorgen. Das hilft, unser Leben mit frischem Elan in Angriff zu nehmen. Was mich zu einem zentralen Stichwort bei der Entscheidungsfindung gemeinhin bringt:

Treffen Sie Entscheidungen, insbesondere wichtige, wenn Sie sich »voll im Saft« fühlen. Also gut, ausgeglichen und positiv. Denn die Energie Ihrer Geisteshaltung beeinflusst nicht nur Ihre Entscheidung — sondern auch deren Ausgang.

Die meisten Probleme entstehen bei ihrer Lösung.
Leonardo da Vinci

Auch wenn ich grundsätzlich vor Entscheidungsstaus warne und die Vorteile schneller Entscheidungen genieße, es gibt Tage, an denen wir besser nichts entscheiden. Nämlich, wenn unsere Moral zu tief oder zu hoch hängt. Ja, richtig, stoppen Sie sich auch, wenn Sie euphorisch auf einer emotionalen Siegeswelle reiten. Denn dann tendieren Sie zu übermütigen Entscheidungen, die Sie etwas gelassener nie treffen würden. Doch zurück zum Aufräumen. Nutzen Sie die Gunst der Stunde, wenn Sie voller Tatendrang sind. Und werfen Sie Ballast ab.

Trennen Sie sich von allem, was Sie in den letzten zwei Jahren nicht angefasst haben. Ihr Partner gehört da hoffentlich nicht dazu.

Vor ein paar Jahren fand ein Bekannter von mir ein neues Haus. Etwas mitleidig wünschte ich ihm für den nervenaufreibenden Umzug viel Erfolg. Er aber belehrte mich eines Besseren: »Das ist eine hervorragende Gelegenheit, alles loszuwerden, was wir in den letzten zwei Jahren nie in der Hand hatten.« Clever, dachte ich mir — und machte mir das zur ersten Regel meiner periodischen Aufräumphase. Seither landen alle Gadgets, ohne die ich einst nicht mehr leben zu können glaubte, auf den gängigen Auktionsportalen.

Ein erstes Erfolgserlebnis, mehr noch nicht. Denn nach dem materiellen Überfluss wartet die wahre Arbeit: Entrümpeln Sie alles, was Sie nicht mehr brauchen. Und räumen Sie den Berg an Unerledigtem aus dem Weg, der sich seit Monaten in die Höhe schraubt. Hier eine kurze, inspirierende Liste.

- Treten Sie aus allen Vereinen aus, die Sie in den vergangenen zwölf Monaten nicht einmal besucht haben.
- Kündigen Sie Mitgliedschaften und Abonnements von Zeitungen, Fachzeitschriften, Newsletter und dergleichen, die Sie in den letzten sechs Monaten nicht einmal gelesen haben.
- Trennen Sie sich von Illusionen und Träumen, denen Sie in den letzten zwei Jahren keinen Schritt näher gekommen sind. Sei es ein Geschäft, das nie zum Abschluss kommt, ein Vertrag, der immer und immer wieder hinausgeschoben wird, oder ein Projekt, das nur von der Hoffnung lebt. Sagen Sie »Servus!« und definieren Sie neue Ziele.
- Listen Sie alle Gespräche auf, die Sie führen wollen – und müssen. So unangenehm das sein mag, ob Aussprache mit zerstrittenen Eltern, unehrlichem Partner, böser Erbengemeinschaft, säumigen Kunden oder mobbenden Mitarbeitern, jetzt ist der beste Moment, aufzuräumen, reinen Tisch zu machen. Aber wie gesagt, tun Sie es aus einer positiven Position heraus – und nicht, um gnadenlose Revanchegelüste zu stillen. Denn das bringt Sie nur zurück zum Zitat von Leonardo da Vinci.
- Haben Sie Gewohnheiten, die Sie daran hindern, Ihre Ziele zu erreichen? Sie würden gern beispielsweise »irgendwann einmal« ein Buch schreiben, wenn Sie denn die Zeit dazu hätten? Nun. Als Erstes: Streichen Sie das »irgendwann« und ersetzen Sie es durch »jetzt«. Und ignorieren Sie nur versuchsweise jeden zweiten Abend das Internet und investieren Sie diese Zeit ins Schreiben. Ich verspreche Ihnen: Sie werden Ihren Erstling schneller in den Händen halten, als Sie glauben. Zumindest das Manuskript. Worauf ich aber hinaus will: Analysieren Sie Ihre Gewohnheiten – und seien Sie ehrlich: Sabotieren Sie sich und Ihre Ziele mit Ihrem Verhalten? Wenn ja: Jetzt ist die Zeit, etwas dagegen zu tun.
- Benennen Sie die »Unglücksmacher« in Ihrem Leben. Menschen, die Ihnen nicht gut tun, Jobs, die Sie deprimieren, (Frei-)Räume und Wohnungen, die Sie einengen. Und definieren Sie die Lösungen dazu. Diese sollen bis zum nächsten Aufräumen als Leitstern Ihres Handelns dienen.

4.6.2 Der Rückspiegel des Lebens

Und zu guter Letzt eine Anregung. Nehmen Sie die »Aufräumaktion« auch als Anlass, kurz in den »Rückspiegel« Ihres Lebens zu schauen. Was haben Sie erreicht: heute, gestern, letzte Woche, in den letzten Jahren? Und freuen Sie sich an den positiven Dingen im Leben. Denken Sie daran: Nichts ist selbstverständlich und alles, was Sie heute sind, ist ein Geschenk. Wenn Ihnen das schwerfällt, probieren Sie es anders herum: Was hätte alles anders, schieflaufen können? Wo wären Sie dann? Vergessen Sie nie: Wenn Sie stolzer Besitzer eines Bankkontos sind, egal wie viel Guthaben darauf liegt, wenn Sie ein paar Geldscheine in der Tasche und etwas Kleingeld in einem Sparschwein Ihr eigen nennen können, gehören Sie zu den 8 Prozent der wohlhabendsten Menschen auf dieser Welt. Nicht schlecht, oder? Sie sehen, es gibt gute Gründe für die positive Sichtweise, mit der sich die Lust am Entscheiden ganz einfach einstellt.

Was mich zu einem letzten Spruch meiner Tante Anni bringt: Sie war überzeugt, dass nicht Liebe, sondern Neid der stärkste Trieb der Menschen sei. Schelmisch sprach Sie von Ihren Neidern denn auch als »Gönnern«. »Verstehe ich nicht«, sagte ich, als ich das zum ersten Mal hörte. »Diese Leute wünsche dir nichts Gutes.« — »Eben, genau das gönnen Sie mir.«

Ob man die Einstellung meiner Tante nun teilt oder nicht, über die Jahre realisierte ich, wie wichtig die innere Einstellung für den Ausgang unserer Entscheidungen ist, sei es beim »Frühjahrsputz« oder im ganz gewöhnlichen Alltag. Darum meine Empfehlung: Gehen Sie freundlich mit anderen um. Das klingt simpel, gelingt mir aber auch nicht immer. Konkret heißt das: Freuen Sie sich mit anderen und ergötzen Sie sich nicht an deren Misserfolgen. Denn eines kann ich Ihnen versprechen: Keine andere Entscheidung in Ihrem Leben wird Ihre Zufriedenheit mehr steigern als diese.

4.7 Neue Optionen erkennen — mit einem Hauch von Drama

»The trend is your friend«, munkeln Börsenhändler und suchen ganz bewusst Titel, die möglichst stabil und berechenbar der gleichen Entwicklung folgen, mit der sie in den Tagen und Wochen zuvor bereits aufgefallen sind. So versuchen sie sich vor unangenehmen Überraschungen zu schützen. Denn ihr System setzt auf Sicherheit und Kontinuität.

Nun, Sie können es Ihnen gleich tun, wenn Sie einen fixen Plan im Leben haben, stets nach dem gleichen Muster zu entscheiden pflegen und damit auch noch gut fahren. Es heißt nicht umsonst: »Never change a winning team.« Wer allerdings auch mal auf die neuen Besen setzen will — die zwischendurch besser kehren sollen, aber die alten kennen die Ecken besser —, dem seien die folgenden Zeilen empfohlen. Auch wenn sie, dies als Warnung, Ihnen Ihre Sterblichkeit plakativ vor Augen führen werden. Doch von Anfang an.

Häufig ist es ja so, dass wir, mehr oder weniger unbekümmert, mit Scheuklappen durch unseren Alltag wandeln. Abgelenkt von unseren täglichen Aufgaben und Sorgen, verlieren wir »the bigger picture«, wie das Angelsachsen zu nennen pflegen, öfters aus den Augen. Die grundlegenden Einstellungen nämlich, die uns doch eigentlich als Kompass bei Entscheidungen dienen. Lebensziele, Moral, Ethik und »bucket list«, wie wir sie aus dem Film »Das Beste kommt zum Schluss« mit Morgan Freeman und Jack Nicholson kennen, werden häufig verdrängt, wenn die Zeiten richtig stressig werden. Bis dann, meist unvermittelt und entsprechend brutal, Schicksalsschläge im näheren oder erweiterten Freundeskreis aufzeigen, dass wir hier nicht für immer stationiert sind. Wir sind nur Gast auf Erden, wird in der Kirche gesungen. Nun, Schweizer bleiben von dieser Tatsache im Schnitt etwas länger verschont. 82,2 Jahre beträgt hier die durchschnittliche Lebenserwartung. In Deutschland muss man sich damit schon zwei Jahre früher beschäftigen. Und wenn Sie in Indien leben, ist mit 63,7 Jahren bereits Schluss.

Dem ersten Schock folgen grundsätzliche Fragen, welche die Menschheit seit der Vertreibung aus dem Paradies beschäftigt. Sie wissen schon: die elementare Sinnhaftigkeit des Daseins. Wofür tue ich das? Bin ich glücklich dabei? So tragisch die Umstände häufig sind, welche diese Fragen auslösen, für unsere Lebensgestaltung sind sie wichtig.

4.7.1 Tipp 7: Führen Sie sich Ihre Situation vor Augen

Statt auf solche unglücklichen Umstände zu warten, können Sie ganz profane Ausflüge nutzen, um sich Ihre existenzielle Lage zu vergegenwärtigen. Beispielsweise, wenn Sie mal wieder durch ein IKEA-Verkaufsgeschäft pilgern. Da sind sie fast an jeder Ecke zu finden, die 1-Meter-Maßbänder aus Papier, die dazu gedacht sind, Möbel zu vermessen. Sie können aber auch Ihrer Lebensgestaltung dienen.

Schritt 1
Verkürzen Sie den Meter auf die durchschnittliche Lebenserwartung in Ihrem Land:
- Sie leben in der Schweiz: 82,9 cm
- Sie leben in Österreich: 80,9 cm
- Sie leben in Deutschland: 80,2 cm

Schritt 2
Entfernen Sie nun die Anzahl Ihres Lebensalters. Wenn Sie also 41 Jahre alt sind, reißen Sie das Stück von 0 bis 41 cm ab. Wenn Sie in Österreich leben, wie ich, würden Sie nun noch einen Streifen von 39,9 cm Länge in den Händen halten.

Das bisschen Papier zeigt Ihnen erbarmungslos auf, wie viel Zeit Ihnen auf der Erde durchschnittlich noch bleibt. Die gute Nachricht: Wenn Sie nicht zu viel essen und trinken und sich etwas mehr bewegen, als nur vom Bett zur Garage, in der Ihr Auto steht, sind die Chancen groß, dass Sie noch etwas länger leben.

Unabhängig davon hängen Sie sich den verkürzten Laufmeter an einen Ort, an dem er Sie immer wieder mal daran erinnert, mehr aus Ihrer Zeit zu machen. Sich nicht in Kleinigkeiten zu verlieren, sondern das Leben und die

Menschen, die Sie umgeben, zu genießen. Falls Ihnen das nicht gelingt, sollten Sie sich grundlegende Fragen stellen. Dazu können Sie übrigens einen ganz einfachen Test machen.

Zeichnen Sie für die vergangenen drei Jahre eine Zeitlinie auf. Tragen Sie nun, fein säuberlich nach Monaten sortiert, einen Punkt für berufliche und private Höhepunkte ein, die Sie in dieser Zeit geprägt haben. Je glücklicher Sie dabei waren, desto höher siedeln Sie den Punkt an. Gleiches gilt für die Tiefschläge, die Sie, je nach Leidensstand, weiter südlich eintragen. Zum Schluss verbinden Sie die einzelnen Punkte. Daraus ergibt sich eine Kurve, wie sie Börsenhändler tagtäglich anstarren. Jetzt gilt auch für Sie: »The trend is your friend.« Zieht sich die Linie nämlich auf hohem Niveau übers Papier, können Sie mit sich zufrieden sein. Sie scheinen im Leben vieles gut und richtig zu entscheiden. Schlängelt sich die Linie dagegen durch die tiefen Gefilde des Blattes, sollten Sie lernen, andere Entscheidungen zu treffen. So oder so: Eines sollten Sie sich bewusst machen: Egal wie die Trendkurve verläuft, sie ist keine Garantie für die Zukunft. Denn entgegen mancher Glaubenssysteme bestimmt die Vergangenheit nicht, wie Ihre Zukunft aussehen wird. Das haben Sie in jedem Moment Ihres Lebens selbst in der Hand. Ab und zu einen Blick auf das immer kleiner werdende Maßband zu werfen, kann dabei nicht schaden und Sie zu wahren Höhenflügen motivieren. Nicht weniger wünsche ich Ihnen.

4.8 In Ihrem Leben spielen Sie die Hauptrolle — aber kennen Sie auch Ihren Text?

An und für sich mag ich die Metapher ja nicht besonders. Sie wissen schon: »Das Leben ist eine Bühne.« Denn ob wir in einem Thriller, einem Drama, einer Komödie oder gar einem Liebesepos spielen, liegt nicht nur an uns. Da haben auch Zeitgeist, Umfeld, Schauspieler in der Nebenrolle und höhere Mächte ein Wörtchen mitzureden. Ob wir dagegen die Hauptrolle spielen, liegt durchaus an uns. Das ist eine Entscheidung, die wir ganz bewusst treffen müssen. Klingt banal, ist es aber nicht. Denn wir Menschen sind Lust-Maximierer und Unlust-Minimierer. Sprich: Wir wägen dauernd ab, wie viel Aufwand wir denn betreiben möchten.

> **! Wichtig**
>
> Lerne von gestern, lebe heute, plane für morgen.
> Und heute Nachmittag gönne ich mir erst mal eine Pause.

Wer sein Leben in die Hand nehmen will, braucht viel Eigeninitiative und proaktives Verhalten. Doch in unserer genussorientierten Gesellschaft wird das zunehmend zu einer Herausforderung. Das kommt nicht von ungefähr. Filmstars und Musiker sind heute omnipräsent in den Medien, selbst bei globalen Wirtschaftsforen sorgen sie für Headlines. Ohne ihre Leistungen schmälern zu wollen, heute sind sie eher Marketingprodukte als freie Künstler. Sie gehören zu den Großverdienern und streichen Summen ein, die für die meisten das Vorstellbare übersteigen.

Ein durchschnittlicher Haushalt mit zwei Einkommen arbeitet in der Schweiz, und das ist nun wirklich kein Niedriglohnland, knapp neun Jahre lang für das, was eine durchschnittlich bekannte Band an einem Abend für ein zweistündiges Konzert an Gage einstreicht. Das macht Eindruck. Und so hetzen viele dem schnellen Geld und den großen Glücksmomenten hinterher. Euro Millions und nationale Lottospiele florieren, der Nachwuchs will Star werden. Für den Erfolg hart arbeiten mögen dagegen immer weniger.

Die Folge: Wir sind enttäuscht von dem, was wir haben. Schade. Denn wie immer im Leben ist alles Ansichts- und Einstellungssache. Die Entscheidung, glücklich zu sein, ist vielleicht die zweitwichtigste, die Sie in Ihrem Leben treffen können. Und das Wichtigste, fragen Sie? Sinn. Wer eine Sinnhaftigkeit findet, in dem, was er tut, steckt Enttäuschungen besser weg. Und weiß auch, dass Glück kein Dauerzustand ist, sondern eine gut gesinnte Lebensbegleitung, die uns hin und wieder besucht. Wie aber findet man diesen Sinn? Und noch fast wichtiger, wie gerät er in der täglichen Hektik, die uns häufig mit Banalitäten beschäftigt, nicht verloren? Indem Sie sich einen Spruch zulegen, der Sie wie ein Mantra begleitet, und der Sie an das erinnert, was Ihnen im Leben wichtig ist. Das hilft auch bei jeder Entscheidung.

4.8.1 Tipp 8: Schenken Sie sich ein Motto

Jedes Buch und alle Filme, die etwas taugen, haben eine Prämisse, ein Thema, ein Motto — oder wie immer Sie das nennen mögen. Jedenfalls einen Satz, der für die »Moral der Geschichte« steht. Zur Veranschaulichung:
- *Mut führt zur Erlösung* — So gelesen und gesehen in »Der alte Mann und das Meer« von Ernest Hemingway.
- *Der menschliche Geist lässt sich nicht brechen* — Das beweist die Geschichte »Einer flog übers Kuckucksnest« von Ken Kesey oder der Film »Invictus — Unbezwungen« über Nelson Mandela.
- *Liebe überwindet alle Hindernisse* — Nun, das ist ein Klassiker, wie er in Literatur, Film und Musik immer wieder verwendet wurde und wird. »Romeo und Julia« und »Titanic« sind nur zwei Beispiele dafür, selbst wenn die Geschichten tragisch enden.

Schenken auch Sie sich eine Lebensprämisse. Einen Satz, der Sie ständig an Ihr Lebensziel, an ein Vorhaben erinnert — und Sie dazu ermuntert weiterzumachen, auch wenn die Umstände einmal nicht günstig sind. Aber tun Sie es nicht zufällig und nach Laune. Sondern nach gezielter »Recherche«:
- Schritt 1: Ziehen Sie sich in einen ruhigen Raum zurück, in dem Sie nicht gestört oder abgelenkt werden.
- Schritt 2: Erstellen Sie eine Liste mit Ihren liebsten Filmen, Bücher oder Menschen.
- Schritt 3: Analysieren Sie Ihre »Hitparade«. Welche Themen stecken hinter Ihren Favoriten — und welche tauchen häufiger auf als andere? Sortieren Sie diese nach Kategorien. Also beispielsweise Liebe, Lebensfreude, Gerechtigkeit, Natur, Abenteuer, Genuss, Essen, Glück, Weisheit, Erleuchtung etc.
- Tauchen beispielsweise viele Thriller und Krimis in Ihrer Liste auf, kann das ein Indiz dafür sein, dass Ihnen daran liegt, Gute gewinnen und Böse büßen zu sehen. Das würde für einen ausgesprochenen Gerechtigkeitssinn sprechen. Zum Ende sortieren Sie alle »Ihre« Themen nach Häufigkeit.
- Schritt 4: Überlegen Sie sich nun, welche Dinge Sie auf die Palme bringen. Was Sie richtig ärgert. Erstellen Sie auch hier eine Hitparade. Gehen Sie ruhig selbstkritisch zur Sache, denn was uns bei anderen in Rage bringt, hat mehr mit uns zu tun, als wir glauben. Warum sonst würden

wir dabei so viele Emotionen an den Tag legen? Seien Sie gnadenlos ehrlich, denn nicht selten verstecken sich dahinter eigene Ziele, die Sie vielleicht vernachlässigt haben. Wer sich beispielsweise immer über seine Nachbarn ärgert, die bis spät in die Nacht feiern, unterdrückt vielleicht die eigene Lebensfreude.

- Schritt 5: Vor Ihnen liegen nun zwei Listen. Was Sie mögen — und was Sie verabscheuen. Daraus kreieren Sie nun Ihre Prämisse, Ihr Motto, Ihren Leitsatz, der Ihnen bei großen und kleinen Entscheidungen als »Leitstern« dient.

Natürlich können Sie sich für Klassiker entscheiden wie »Es ist nie zu spät, um anzufangen. Und immer zu früh, um aufzugeben«. Oder »Lebe den Tag, als wäre es dein letzter. Eines Tages wirst du recht haben«. Aber vielleicht wollen Sie ja auch etwas tiefer gehen. »Nutze Humor als Medizin für Körper, Geist und Seele« könnte all jene ermuntern, bei denen »Gesundheit« und »Angst vor dem Tod« als Nummer 1 der beiden Bestenlisten auftauchten. Ein Motto wie dieses kann zur positiven, lebensbejahenden Quelle werden.

Lassen Sie Ihrer Kreativität ruhig freien Lauf. Nehmen Sie sich Zeit für diesen einen Satz. Schreiben Sie ihn auf und stecken Sie den Zettel als konstante Erinnerung in Ihre Geldtasche. Handeln und entscheiden Sie danach, gibt Ihnen Ihr Leitsatz nicht nur eine Richtung vor, sondern auch das gute Gefühl, Ihr Leben mit Sinnhaftigkeit zu verbringen.

Sie fragen mich jetzt, ob Sie auch zwei Leitsätze haben können? Klar doch. Aber es ist, als würden Sie mit zwei verschiedenen Flugzeugen reisen. Ihre Ankunft wird sich verspäten. Darum: Besser ein Leitsatz als zwei. Was nicht heißt, dass Sie Ihr Thema nicht auch mal ändern dürfen. So oder so — ich wünsche Ihnen viel Spaß bei der Definition Ihrer »Prämisse«. Ich verspreche Ihnen: Schon die Zeit, die Sie mit den Gedanken an Ihre Lieblingsdinge im Leben verbringen, ist den Aufwand wert. Und eine gute Gelegenheit, sich mal wieder etwas besser kennenzulernen. Viel Spaß dabei!

4.9 Der Segen schwerer Entscheidungen

Es gibt sie, die Entscheidungen, bei denen es keine gute Lösung zu geben scheint. Zur Visualisierung ein Extrembeispiel: Sie arbeiten auf der Bank und eines Tages ertappen Sie einen guten Arbeitskollegen dabei, wie er einem Journalisten sensible Daten zu verkaufen versucht. Was machen Sie?
- Den Chef warnen – und Ihre Freundschaft riskieren?
- Auf die andere Seite schauen – um eines Tages als Mitwisser angeklagt zu werden?
- Den Mund halten – und dafür einen passenden Betrag kassieren?

Egal wie Sie sich entscheiden, Sie werden etwas verlieren. Einen Freund, Ihre Ehre oder die Freiheit. Trotzdem gibt es eine richtige Entscheidung. Welche? Nun, das hängt ganz von Ihrem Moralkodex ab. Aber darum geht es momentan nicht.

Herausforderungen bietet aber auch der ganz gewöhnliche Alltag. So neulich erlebt bei meinem Kurzurlaub in München.

> **Beispiel** !
>
> Das Hotel auf den ersten Blick tipptopp. Doch dann die erste Nacht. Schlaflos wälzte ich mich hin und her, denn das Zimmer lag gleich über der Einfahrt der Tiefgarage, die hervorragend als Resonanzkörper zugeschlagener Autotüren funktioniert. Ein Konzert, das bis drei Uhr früh eine Zugabe nach der anderen lieferte. Morgens ließ mich dann die Anlieferung an die Küchenmannschaft aus dem Kurzschlaf schrecken. Augenreibend überlegte ich mir um sieben meine Optionen: Hotelwechsel? Das aber bedeutet Suchaufwand. Lohnt sich das überhaupt für die eine Nacht, die mir noch bevorstand? Drum auf zur Rezeption. Hier werden mir neue Dilemmas präsentiert:
> - Zimmer behalten, dafür weniger bezahlen?
> - Neues Zimmer, dafür kein Preisabschlag?
>
> Glücklich macht mich beides nicht. Wer entschädigt mich für meinen entgangenen Schlaf? Ich entscheide mich übrigens für das ruhigere Zimmer. Schließlich ist der Wert einer »guten Nacht« höher einzuschätzen.

Wirklich schwierige Entscheidungen tendieren wir tage-, wenn nicht wochenlang vor uns herzuschieben. Trennung oder nicht, ist so eine. Egal ob sich die Frage nun bei Lebens- oder Arbeitspartnern stellt. Dabei geht es immer um ein Abwägen: Welchen »Preis« bezahle ich, was bin ich bereit aufzugeben? Mehr und härter probieren — oder davonlaufen? Genau das lässt uns zögern. Ein Beispiel aus meiner Arbeitswelt:

> **Beispiel**
>
> Ich »entdecke« einen neuen Produzenten für den Schweizer Markt, nehme seine Produkte in das Sortiment auf — und ringe ihm per Handschlag das Versprechen ab, meine Konkurrenz nicht zu beliefern. Erst herrscht Friede, Freude, Eierkuchen, denn die Produkte verkaufen sich blendend. So gut, dass schließlich meine Konkurrenz bei ihm anklopft. Und was macht er? Er liefert. Wie soll ich reagieren?
> - Konsequent sein, die Marke aufgeben — und der Konkurrenz überlassen?
> - Den Ärger schlucken — und weitermachen?

Nun, das sind die Momente, in denen Sie sich vor Bauchentscheiden hüten, durchatmen und bis zehn zählen sollten. Denn andernfalls verfallen Sie nur ins »Truthahn-Syndrom«. Das Federvieh glaubt nämlich, im Bauern seinen besten Freund zu sehen. Schließlich füttert er ihn ungemein liebevoll und nie zu knapp. Ach wie herrlich — bis der Weihnachtstag und damit die böse Überraschung kommt. Also hüten Sie sich vor der Opferrolle, die bekommt niemandem gut und sie ist vor allem ein schlechter Berater bei Entscheidungen. Nicht zuletzt, weil sie uns an »Augen-Tinnitus« leiden lässt: Egal wo wir hinschauen, wir sehen nur noch Pfeifen. Oder anders gesagt: Es sind immer alle anderen schuld. Klare Anzeichen dafür, dass es höchste Zeit für ein paar wichtige, aber unbequeme Entscheidungen ist.

4.9.1 Tipp 9: Denken Sie um die Ecke

Ein weiser Spruch besagt: Wenn uns das Wasser bis zum Hals steht, ist es der falsche Zeitpunkt, den Kopf hängen zu lassen. Also nur nicht aufgeben — und Entscheidungen mit Voraussicht treffen.

Der Segen schwerer Entscheidungen **4**

> **Beispiel** !
> Ein gebildeter Herr sitzt in einer Pariser Bar und ist sich plötzlich nicht mehr sicher. Heißt es nun »une bière« oder »un bière«? So oder so, als bekennender Perfektionist will er sich nicht blamieren und bestellt kurzum »trois bière«. Da ist er sich nämlich grammatikalisch sicher. Kaum stehen die drei Gläser vor ihm, beordert er den Kellner zu sich und meint augenzwinkernd: »Deux retour, s'il vous plaît.«

Diese Anekdote zeigt deutlich, wie die Folgen einer schwierigen Entscheidung antizipiert und dazu genutzt werden können, um seine Ziele zu erreichen. Natürlich, dies bedarf eines strategischen Geschicks. Doch die gute Nachricht: Das lässt sich auch lernen. Versuchen Sie es mal bei der nächsten kniffligen Entscheidung, bei der es nichts zu gewinnen, aber viel zu verlieren gibt. Malen Sie sich die Folgen Ihrer Entscheidung aus. Welche Situation entsteht daraus? Und wie können Sie auf diese reagieren? Werden Sie zum Schachspieler, der stets vier, fünf Züge vorausdenkt und auf jede Antwort seines Gegners vorbereitet ist.

Wenn Sie so denken, entscheiden und handeln, machen Sie etwas ganz Wichtiges: Sie nehmen den Fokus von der ersten, unangenehmen Entscheidung, die unumgänglich zu treffen ist. Und fügen eine Langzeitperspektive hinzu, die Sie Hoffnung und Mut schöpfen lässt. Bei schwierigen Entscheidungen halte ich mich darum stets an einen Drei-Punkte-Plan:
- Blicke voraus, antizipiere, schmiede Pläne und Alternativen.
- Kontrolliere dein Ego, denn das kommt bei kniffligen Entscheidungen meist nur in und die Quere.
- Entscheide schnell, was in deiner Macht steht. Denn warten verlängert leidglich die Leidenszeit, erhöht aber nur selten die Entscheidungsqualität.

Dabei lässt sich sagen: Je schwerer die Entscheidung, desto befreiender die Wirkung. Und das ist doch schon mal was.

4.10 Der Entscheidungskompass

Der Kompass ist ein handliches Gerät, klein und unscheinbar, aber unersetzlich, wenn es darum geht, auf Kurs zu bleiben, um ein vorgegebenes Ziel zu erreichen. Dabei funktioniert er überraschend simpel: Die Nadel findet aufgrund des Erdmagnetfeldes stets Norden. Geschickt genutzt, lässt sich so jeder Weg finden, durch stockdichten Nebel, Wind, Sturm und Regenschauer. Wäre es nicht praktisch, wenn auch wir einen Kompass hätten, der uns an den Gabelungen der schwierigen Entscheidungen auf unserem Lebensweg den richtigen Weg weist?

Nun, es gibt ihn, den Entscheidungskompass. Sogar als App, die Sie auf Ihr Smartphone herunterladen können. Gesagt, getan – und als untauglich befunden. Denn mit fixen Vorgaben lassen sich individuelle Szenarien nur unzureichend beurteilen. Außer, Sie sind geübt im Programmieren neuer Parameter, mit der Sie diese Apps füttern können. Mit allen anderen, die, wie ich, digitale Laien sind, teile ich hier gerne meinen Leitfaden, der mir hilft, meine Nadel, sprich Entscheidungen so einzustellen, dass zumindest die grobe Richtung stimmt.

4.10.1 Tipp 10: Peilen Sie den richtigen Weg an

Bevor es losgeht, sollten Sie erst mal einstellen, wo bei Ihnen Norden liegt. Also: Was wollen Sie denn mit Ihrem Leben anfangen? Träumen Sie vom Auswandern, müsste Ihr »Norden« ganz wo anders liegen als bei jemandem, der sich dem Heimatschutz verschrieben hat. Dabei ganz wichtig: Hören Sie auf Ihre innere Stimme. Vermeiden Sie es, dem Zeitgeist oder führenden Sprachrohren unserer Zeit zu folgen. Denn wer dem Herdentrieb folgt, landet irgendwann im Schlachthaus der eigenen Träume.

Sie kennen Ihren »Norden«? Gut, dann kann es losgehen. Legen Sie Ihr aktuelles Problem vor sich hin und wir schreiten gemeinsam durch diesen Kurs:

Himmelsrichtung

Aus welcher Himmelsrichtung betrachten Sie gerade Ihr Problem? Aus dem Soll oder dem Haben? Aus einem Gefühl des Defizits — oder der Dankbarkeit? Entscheiden Sie sich für das, was Sie haben. Trauern Sie nicht Dingen nach, die Sie nicht haben konnten oder verpasst haben. Nur dieser Fokuswechsel alleine löst viele Probleme. Nicht Ihres? Gut, weiter geht's.

Tiger im Tank

Haben Sie den richtigen Proviant dabei? Damit meine ich Ihre Motivation. Denn die treibt Sie an, hält Sie auf Kurs — oder lässt Sie im Stich. Ich plädiere dabei für einen inneren Paradigmenwechsel: Sagen Sie bei allem, was Sie tun »ich will«, statt »ich muss«.

»Ich will diese Prüfung schreiben«, ermöglicht Ihnen eine ganz andere Perspektive, die einen positiven Ausgang impliziert. »Ich muss diese Prüfung schreiben« hingegen lässt eigentlich nur einen Schluss zu: Das kann nur mit Glück gut gehen. Natürlich, es gibt Dinge, die wir lästig finden. Was dann? Tun Sie diese mit Begeisterung. Wenn wir uns bewusst entscheiden, etwas müssen zu wollen, gehen Dinge leichter von der Hand. Damit das gelingt, hilft manchmal auch ein sinnstiftender Gedanke. »Wenn ich den Müll jetzt raustrage«, denke ich mir, »haben wir alle mehr Ordnung«. Das erstaunliche daran: Mit »Ich will« steigern Sie gleich ein positives Gefühl der Selbstbestimmtheit. Und aus dieser Perspektive heraus lassen sich ganz einfach starke Entscheidungen treffen.

Routenwahl

Abkürzung oder normale Route? Sie wissen gleich: Das muss eine Fangfrage sein. Denn wer auf dem Lebensweg eine Abkürzung zu nehmen versucht, weiß nie so genau, wohin sie ihn führt. Oder in der Business-Sprache ausgedrückt: Wer auf den Quick-Win aus ist, vernachlässigt meist die Langfristigkeit. Viele Banker haben das noch vor wenigen Jahren in Perfektion vorgelebt. Auch die Schlangen vor der Kasse im Supermarkt sind ein gutes Beispiel. Die notorischen Reihenwechsler, die in vermeintlicher Eile von der einen in die andere Schlange wechseln, sind statistisch erwiesen langsamer, als jene, die geduldig in Reih und Glied warten. Darum: Sie kennen Ihre Route — halten Sie daran fest. Oder wie es der legendäre Golfer Gary Player ausdrückte: »Je mehr ich trainiere, desto mehr Glück habe ich.«

Fazit: Nur Entscheidungskonsequenz und -bewusstsein hält Sie bei Ihrer Lebensplanung auf Kurs.

Reisegeschwindigkeit
Wir alle kennen das: Es fällt etwas vor — und was machen wir? Wir reagieren instinktiv. Dabei wäre es sinnvoll, erst einmal innezuhalten und sich die Frage zu stellen: Ist eine Entscheidung überhaupt notwendig? Oder stimmt die grobe Richtung nach wie vor?

Fakt ist: Wir alle handeln zu schnell, zu häufig, zu impulsiv. Und verkomplizieren dadurch nur unser Leben und häufig auch das der anderen. Üben Sie sich darum in Gelassenheit. Abwarten kann helfen, eine Nacht darüber zu schlafen sowieso. Denn Entscheiden ist oft reine Nervensache. Darum: Ruhig Blut, durchatmen, durchchecken — und dann entscheiden, ob überhaupt eine Entscheidung angezeigt ist oder nicht.

Reisestimmung
Wer sich seinen Weg auf die Spitze eines Berges bahnt, kennt das euphorische Gefühl, wenn er oder sie den Gipfel erklimmt. Man könnte die Welt umarmen, Bäume ausreißen, in den siebten Himmel fliegen. Wunderbare Gefühlsmomente — die Sie bei Entscheidungen entschieden vermeiden sollten.

Darum der Check: Handeln Sie (zu) emotional, im Affekt? Werden Sie gerade von Gefühlen getrieben, die Sie spontan in Wallung bringen? Dann ist Vorsicht angeraten. Denn das führt zu Fehl- und Kurzschlussentscheidungen, die uns kurze Zeit später meist leidtun und manchmal sogar unerklärlich sind. Doch dann ist der Schaden bereits verursacht. Und der Verlust, ob von Gesicht oder Geld, meist größer, als er sein müsste. Auch wenn Sie jemand gerade auf die Palme bringt oder zur Weißglut treibt, denken Sie an den Entscheidungskompass. Atmen Sie tief durch, blicken Sie auf die Nadel und darauf, in welche Richtung sie zeigt. Schwierig, ich weiß, aber versuchen Sie es. So vergessen Sie auch in hektischen Momenten nicht, was Sie langfristig erreichen möchten. Und schließen den Akt der Selbstsabotage so gut wie möglich aus.

4.10.2 Gute Reise

Und noch etwas. Egal, ob Sie einen Entscheidungskompass benutzen, Ihre Entscheidungen im Kurzverfahren auf einer Liftfahrt oder mit einem Würfel fällen, tun Sie sich einen Gefallen: Seien Sie nicht abergläubisch. Denn am meisten glauben wir an das, was wir nicht wissen. Und Unwissen ist die größte Gefahrenquelle bei Entscheidungen. Erst recht, wenn Sie entdecken, dass Ihre letzte Tat wohl eine Fehlentscheidung war. Lassen Sie locker, verkrampfen bringt nichts, das ist wie beim Kartenspiel. Ist die falsche Karte erst einmal gespielt, bleibt nichts anderes übrig, als mit dem Rest das Beste zu versuchen. Und danach? Danach werden die Karten neu gemischt.

In diesem Sinne wünsche ich Ihnen viele lustvolle und vor allem gelassene Entscheidungen, die zu Ihrem Wohl gereichen. Aber vergessen Sie nicht: Es gibt nicht für alles eine Lösung. Wenn Sie wieder einmal auf eine solche harte Nuss stoßen, verzweifeln Sie nicht. Statt ins Grübeln zu verfallen, dürfen Sie das Problem auch einmal einfach nur bewundern. Das alleine wird Ihre Stimmung aufhellen. Das kriegen nicht alle hin. Aber Größe ist, wenn man trotzdem lacht. Und wer zuletzt lacht, na, Sie wissen schon.

Finden Sie dazu weiterführende Fragen mit dem »Entscheidungskompass« im Anhang.

5 Friedhof der Entscheidungen

Fatale Fehlentscheidungen — und was wir von ihnen lernen können

5.1 Historische Fehlentscheidungen, die uns schmunzeln lassen   180
5.2 Der Fehler meines Lebens — oder die ganz
gewöhnliche Kränkung   183
5.3 Notlügen erlaubt? Die Entscheidung gegen die Wahrheit   186
5.4 Große Entscheider — und was wir von ihnen lernen können   189
5.5 Die letzte Entscheidung — unser Testament   192

5.1 Historische Fehlentscheidungen, die uns schmunzeln lassen

Es ist ja schon verrückt. Da rennen wir durch unsere Welt und glauben, wir wären die Einzigen, die sich mit Fehlentscheidungen bis auf die Knochen blamieren. Doch weit gefehlt. Es gibt Exemplare zuhauf, die uns eine der wichtigsten Lektionen in diesem Leben plakativ vor Augen führen: Nobody is perfect. Und weil das unserer geschundenen Seele gut tut, hier ein paar kurze Anekdoten aus Geschichte, Wirtschaft und Kultur, durch die wir uns gleich etwas besser fühlen, wenn wir an unsere eigenen Fehlentscheide denken.

Beginnen wir mit einem der großen Entdecker unserer Welt. Christoph Kolumbus verfuhr sich 1492 gottjämmerlich, sah Land und rief: »Indien!« Den Fehler bemerkte später sein Konkurrent Amerigo Vespucci, weshalb das Land heute auch Amerika heißt. Aber auch er konnte nicht verhindern, dass wir die amerikanischen Ureinwohner noch heute Indianer nennen. Und in der englischen Sprache werden die Karibikinseln noch immer West Indies genannt.

Ein paar Jahrhunderte später. In den 1920er-Jahren misst Erich von Wolf in Deutschland den Eisengehalt von Spinat und kommt dabei auf sensationelle 35 Gramm pro 100 Gramm Spinat. Wahnsinn. Kurz darauf wird propagiert: »Kind, iss deinen Spinat. Dann wirst du groß und stark.« Amerika erfindet eigens Popeye, der das grüne Zeugs dosenweise verdrückt und damit Kindern den Spinat schmackhaft machen will. Leider setzte der deutsche Chemiker das Komma aber an der falschen Stelle. 100 Gramm Spinat weisen nämlich nur 3,5 Gramm Eisen auf. Wenngleich der Fehler schnell entdeckt wurde, hält sich die These zum Leidwesen unzähliger Kinder noch bis heute.

Eine Fehlleistung der ganz anderen Art musste Coca-Cola in den 1980er-Jahren teuer bezahlen. Konkurrent Pepsi wurde damals immer beliebter und ließ den Klassiker in der geschwungenen Flasche bei Blinddegustationen hinter sich. Das wollte Coca-Cola nicht auf sich sitzen lassen und brach mit einer Firmenphilosophie, die weder Logo noch Inhalt verändern wollte. Das Logo blieb, die Rezeptur änderte sich — und fiel beim Publikum komplett

Historische Fehlentscheidungen, die uns schmunzeln lassen 5

durch. Nach nur 90 Tagen, vielen Massenprotesten und millionenschweren Verlusten kehrte Coca-Cola zur Originalrezeptur zurück.

Ein ähnliches Fiasko ereignete sich auch im Schokoladenland Schweiz. Cailler entschied sich, Marktanteile gewinnen zu wollen, griff dafür nach den Sternen — und komplett daneben. Denn das Verpackungsdesign wurde 2006 einem Star-Designer anvertraut, der auf kühle Formen und transparente Materialien setzte. Nichts für leidenschaftliche Schokoladenliebhaber. Nicht zuletzt, weil das neue Design umweltbelastend war und massive Preisaufschläge nach sich zog. Statt »cool und sexy« war die Marke in den Augen der Konsumenten nur noch »Plastikmüll«. Ein Jahr später krebste Cailler zurück, der Imageschaden aber belastet die Marke noch heute.

Fehler passieren immer wieder. Wer indes Glück hat, dem gereichen sie sogar zum Vorteil. Google beispielsweise sollte eigentlich »Googolplex« heißen, was einer Zahl mit einer 1 und 100 Nullen entspricht. Als ein Mitarbeiter die Verfügbarkeit der Internet-Domaine prüfen wollte, gab er aus Versehen »Google« ein. Den Firmengründern gefiel der Name, der Rest ist Geschichte — eine Erfolgsgeschichte, die sich in Wikipedia nachlesen lässt.

Weniger Glück hatten Bruce Willis, Tom Hanks, Mel Gibson, Johnny Depp und Nicolas Cage. Sie alle wurden für die Rolle von Sam im Hollywood-Streifen »Ghost« angefragt. Die einen scheuten sich, einen Geist zu spielen, die anderen fanden die Figur zu platt. So sprang Patrick Swayze als »Notnagel« ein, den der Regisseur eigentlich für ungeeignet hielt. Gedreht wurde trotzdem. »Nachricht von Sam« wurde zum Kassenschlager. Ähnlich erging es übrigens Russel Crowe. Ihm wurde die Rolle von Aragon in »Herr der Ringe« angeboten. Er lehnte dankend ab, weil man ihm nur eine Gewinnbeteiligung und keine fixe Gage bezahlen wollte. Dumm gelaufen. Die Rolle hätte ihn um über 100 Millionen Dollar reicher gemacht.

Da sehen Sie mal, wie klein dagegen unsere persönlichen Fehlentscheidungen zuweilen sind. Was uns lehrt, uns selbst nicht immer ganz so ernst zu nehmen und auch mal über uns selbst zu lachen. Mir fällt beim Studium von Fehlentscheidungen aber noch etwas anderes auf. Der Faktor Zeit spielt eine nicht zu unterschätzende Rolle. Als Amüsement ein paar typische Beispiele:

> *Es gibt nichts Neues mehr. Alles, was man erfinden kann, ist schon erfunden.*
> Charles H. Duell, US-Patentamt, 1899

> *Ich denke, es gibt einen Weltmarkt für vielleicht fünf Computer.*
> Thomas Watson, Vorsitzender IBM, 1943

> *Computer der Zukunft werden nicht mehr als 1,5 Tonnen wiegen.*
> Popular Mechanics, 1949

> *Datenverarbeitung ist ein Tick, der dieses Jahr nicht überleben wird.*
> Prentice Hall, 1957

> *Es gibt keinen Grund, warum irgendwer einen Computer zu Hause haben möchte.*
> Kent Olson, Digital Equipement, 1977

> *640 KB sollten genug für jedermann sein.*
> Bill Gates, 1981

Lustig, nicht? Aber Achtung: Bevor wir uns allzu sehr an den Ignoranten früherer Zeiten ergötzen, möchte ich Sie an einen Mechanismus erinnern, der uns immer und immer wieder gegen die Wand laufen lässt. Und dem auch die Protagonisten der vorangegangenen Seiten zum Opfer fielen. Ich meine die Situation, wenn wir mit Neuem konfrontiert werden. Der Ablauf ist in etwa immer der gleiche:

1. Hä, was ist denn das?
2. Ja, ich hab schon davon gehört. Aber verstehst du das?
3. Aha. Aber für was soll das denn gut sein?
4. Zugegeben, das scheint spaßig zu sein, ist aber nur was für Reiche, Junge, Hipster, … Aber nichts für mich.
5. Schon gesehen? Das ist echt cool.
6. Wow, das ist ja ganz nützlich.
7. Ja, ja, ich brauche es die ganze Zeit.
8. Ein Leben ohne das? Kann ich mir nicht vorstellen.
9. Was, es gibt Leute, die das nicht benutzen?

Na, haben Sie sich ertappt? Ging es Ihnen nicht auch so, als Sie zum ersten Mal von einem iPad gehört haben, von Facebook oder Airbnb? Ich jedenfalls bekenne mich schuldig! Und wissen Sie, was der Kern des Übels ist? Wir werten vorschnell, zu häufig, zu hart und unerbittlich. Wenn etwas gegen unseren Status quo spricht, löst es offensichtlich einen Reflex in uns aus: Abwehrhaltung. Ich glaube, dass wir uns selbst einen großen Gefallen tun, wenn wir etwas offener durch die Welt gehen und dementsprechend milder urteilen. Und vor allem: mit mehr Voraussicht entscheiden. Denn genau das können wir von den historischen Fehlentscheidungen lernen. Selbstverständlich mit einem wissenden Lächeln auf den Stockzähnen.

5.2 Der Fehler meines Lebens — oder die ganz gewöhnliche Kränkung

Vorweg. Es gibt sie — und es wird sie immer geben: Fehler und Fehlentscheidungen. Natürlich wollen wir Menschen immer unser Bestes geben und treffen dementsprechend Entscheidungen, die wir im Moment für absolut richtig halten. Das Problem: Was im Moment richtig erscheint, kann bereits Tage später ganz anders aussehen. Weil eben neue Informationen und Erfahrungen dazugekommen sind. Beispielsweise, wenn

- der neue Geschäftspartner plötzlich in den Wirtschaftsnachrichten auftaucht — und das nicht bei den Erfolgsmeldungen.
- Sie merken, dass Ihre neue Flamme mehr an den inneren Werten Ihrer Geldtasche interessiert ist als an Ihnen.
- der gefeuerte Mitarbeiter bei der Konkurrenz durchstartet oder vor Gericht ein Treffen vereinbart.

Rückblickend ist es dann ein Einfaches, sich selbst mit Vorwürfen zu überschütten. »Wie konnte ich nur so blind sein«, gehört zu den Klassikern der Selbstanklage. Dazu bedarf es manchmal nur Bagatellen.

> **! Beispiel**
>
> Letzten Winter fuhr ich im Schneetreiben einen Berg hoch, was ich noch recht romantisch fand. Als ich dann Stunden später zurückmusste, präsentierte sich die schmale Bergstraße allerdings in bedenklichem, da rutschigem Zustand. Für einen kurzen Moment überlegte ich, mein Gefährt stehen zu lassen und erst am nächsten Tag zu fahren. Zwei Dinge sprachen dagegen:
> - Ein intelligentes Allradsystem, das, wie mir die Werbung versichert, größte Sicherheit auch auf Schnee bot.
> - Meine fixe Vorstellung, dass unser Auto auch in der Garage zu Hause schlafen sollte.
>
> Ich setzte mich also ans Steuer und fühlte mich in Kürze wie ein Bobpilot. Die ersten Kurven der Rutschpartie meisterte ich, oder vielmehr die Technik, souverän. Doch auch sie konnte nicht verhindern, was kurz darauf folgen sollte: die unsanfte Begegnung der Karosserie mit einem Baum, der seine Standhaftigkeit in über 150 Jahren erlangt hatte. Das Resultat: Von null auf hundert immobil, eine vierstündige Bergung und obendrauf eine gesalzene Rechnung. Seither weiß ich, weshalb Allrad-Autos in der Werbung immer bergauf und nie abwärts fahren. Und im Kollegenkreis ist es der »running gag« — bei jeder Gelegenheit wird diese »Fehl-Entscheidung« von meinen Kollegen kommentiert mit der Bemerkung, wie schnell dieses Auto abwärts fahren kann. Schöne Schaden-Freu(n)de.
>
> Analyst der ich bin, versuchte ich, mein Verhalten besser zu verstehen — und machte mir stattdessen nur Vorwürfe. Erschwerend kam hinzu, dass bei der Reparatur das Software-System meines Autos rebootet werden musste. Was nichts anderes hieß, als dass all meine Sprachnotizen für dieses Buch, die darauf abgespeichert waren, zu verschwinden drohten. Irgendwann wurde mir klar, dass es nur einen möglichen Ausweg gab: nicht länger darüber nachzudenken. Denn Grübeln macht keinen Sinn, es ändert rein gar nichts am Geschehen und schlussendlich kann man nur noch eines machen: Bilanz ziehen.

Klar, es gibt Dinge, die wir schneller abhaken können — etwa einen Bußbescheid für falsches Parken oder ein Hemd, das sich als Fehlkauf entpuppt. Anderes beschäftigt uns länger. Ob wir darüber hinwegkommen oder uns weiter mit Selbstvorwürfen quälen, ist auch typabhängig. Wir alle kennen Menschen, die nach einem Schicksalsschlag resigniert in der Vergangenheit verharren und den Schritt aus der Misere nicht finden. In ihren Köpfen dreht sich ein Teufelskreis, aus dem sie nicht mehr herauskommen.

Milde und Güte walten zu lassen, ist dann eines der höchsten Gebote. Und eine der größten Herausforderungen. Denn von »wie konnte ich nur« ist es ein langer Weg bis zu »ich vergebe mir«. Doch es sollte uns stets bewusst sein, dass niemand das Leben unverletzt übersteht. Wir alle tragen unsere Schrammen davon. Und so empfiehlt es sich, die Wunden zu lecken und die Erfahrung unter Schulung und Weiterbildung zu verbuchen.

5.2.1 Eröffnen Sie ein Fehlerkonto

Wie aber kommt man nun über große Enttäuschungen und Kränkungen hinweg? Jedenfalls nicht, indem man Entscheidungen — getroffene oder auch nicht getroffene — exhumiert. Besser, wir lassen sie in Frieden ruhen. Nun gut, Sie könnten versuchen, die Umstände und Rahmenbedingungen, wie sie sich vor Ihrer Entscheidung präsentierten, wiederherzustellen. Spielen Sie dieses Szenario ruhig einmal bildhaft in Ihrem Kopf durch. Sie werden schnell merken, dass der Aufwand für die Rekonstruktion so hoch ist, dass Sie nicht bereit sind, den Preis dafür zu bezahlen. Sie werden sich eher für das Sonderangebot »lassen wir es so, wie es ist« entscheiden. Und selbst, wenn Sie all diese Mühe auf sich nähmen: Wer gibt Ihnen die Garantie, dass eine andere Entscheidung zu einem besseren Resultat geführt hätte?

Dass die Zeit alle Wunden heilt, ist eine Allerweltsweisheit, die niemandem wirklich weiterhilft. Besser, Sie eröffnen ein Fehlerkonto. Und das geht so: Tragen Sie auf einem Papier zwei Spalten für Soll und Haben ein. Nun listen Sie Ihre mehr oder weniger wichtigen Entscheidungen der vergangenen Wochen oder Jahre auf — und bilanzieren die Ergebnisse:
- In der linken Spalte (Soll) mit -1 bis -3: miese bis desaströse Entscheidungen
- In der rechten Spalte (Haben) von 1 bis 3: gute bis ekstatische Entscheidungen

Achten Sie einfach darauf, dass Sie unter dem Strich im Positiven bleiben und nicht ins Minus geraten. Das wäre, nicht nur rein rechnerisch, ein schöner Erfolg, der Ihnen helfen sollte, über Enttäuschungen und Kränkungen hinwegzukommen.

Denn drei Dinge sollten Sie nie vergessen. Erstens: Wir können nie alles richtig machen. Zweitens: Nicht alles im Leben muss bilanziert werden. Und darum drittens: Man muss nicht immer alles verstehen.

5.3 Notlügen erlaubt? Die Entscheidung gegen die Wahrheit

Wenn wir Entscheidungen treffen, müssen wir uns auf Informationen verlassen können. Aufrichtige Aussagen und wahre Fakten sind darum die existenzielle Basis, andernfalls entscheiden wir aufgrund irreführender Daten. Das leuchtet ein. Was die Theorie allerdings außer Acht lässt: Wir alle sind menschlich, sprich fehleranfällig und nehmen es darum nicht immer ganz so genau mit der Wahrheit. Denn: Wir leben in einer Welt der Gegensätze. Genau wie wir zur richtigen Zeit am richtigen Ort das Richtige tun können und im kleinen oder großen Rahmen Ruhm und Ehre für uns beanspruchen dürfen, tritt zuweilen auch das Gegenteil ein. Wir finden uns in einer Situation wieder, die uns nicht zum Vorteil gereicht.

Wie legitim ist es dann, sein Gesicht mit Halbwahrheiten und großzügig interpretierten Fakten zu bewahren? Hand aufs Herz, das klingt immer verwerflich. Darum lieber ein paar Schwänke aus dem echten Leben.

> **Beispiel**
>
> Als unsere Zwillinge zur Welt und ein paar Tage später zu uns nach Hause kamen, ahnten wir bereits, dass die zwei älteren Kinder an den »Zuzüglern« nicht nur eitel Freude haben würden. Als die beiden Dreikäsehoch dann aus der Schule kamen und die Zwillinge selig schlummernd im Wohnzimmer sahen, sollten sie uns denn auch nicht enttäuschen.
> »Papa, wohnen die jetzt bei uns?«, wollten sie wissen.
> »Ja, klar, die beiden gehören jetzt zu unserer Familie«, versuchte ich vernünftig zu argumentieren. Pustekuchen. Die beiden drehten synchron ab, nichts wie weg ins Kinderzimmer — und knallten die Türe verärgert hinter sich zu. Kurz darauf standen die beiden glücklich strahlend wieder vor mir. Was war geschehen? Ganz einfach. Da wir meinen Tipp 9 aus Kapitel 4, »Denke um die Ecke«, beherzigt hatten, fanden die beiden Knirpse in Antizipation der Ereignisse je ein Geschenk auf ihrem Bett.

Notlügen erlaubt? Die Entscheidung gegen die Wahrheit 5

»Von wem ist das denn?«, wollten sie wissen.
»Na, von den Zwillingen natürlich, die haben euch das mitgebracht«, flunkerte ich.
Unser Familienfriede basiert also auf einer Notlüge, die ich spontan aus dem Ärmel schüttelte, damit die großen Kinder die kleinen mochten. Heute kennen in unserem Haushalt alle die Wahrheit — und können herzhaft darüber lachen.

Was aber meine Frage nicht beantwortet: Wann sind Notlügen erlaubt? Wenn man eine unerwünschte Reaktion erahnen kann — und sie, wie bei meinen Kindern, manipulieren will? Wenn man jemanden für sich gewinnen oder niemanden enttäuschen will? Machen wir weiter mit der Spurensuche im echten Leben.

Beispiel !

Eines Abends kam ich später vom Ausgang zurück, als ich geplant hatte. »Nur zwei Bier, um zehn zu Hause«, stand in der SMS, die ich meiner Frau geschickt hatte. Nun, irgendwie musste ich die beiden Dinge verwechselt haben und torkelte um 2 Uhr nachts in die ehelichen Gemächer. Und das am Geburtstag meiner Frau. Kein guter Start in die Festivitäten, dachte ich mir und blies zum Gegenangriff.
»Schatz, in einer halben Stunde hast du Geburtstag. Träume dich schön in den Geburtstag rein«, flüsterte ich ihr ins Ohr und legte mich zufrieden schlafen.
Noch Tage später war meine Liebe im festen Glauben, dass ich damals vor zwölf zu Hause war. Nun, irgendwann beichtete ich ihr meine Schummelei, was sie mit einem amüsierten Spruch quittierte. Die Notlüge also ließ uns ihren großen Tag ohne Nebengeräusche feiern.

Warum aber tun wir solche Dinge? Glauben wir, die Wahrheit sei nicht allen jederzeit zumutbar? Oder Halbwahrheiten auf Raten würden in der Summe auch die ganze Wahrheit ergeben?

5.3.1 Kleine Lügen haben kurze Beine

In Abwandlung des Gedichts von Joachim Ringelnatz sei hier unumwunden gesagt: Wir alle flunkern, mogeln, schwindeln und schummeln. Jeden Tag — und das bis zu 200-mal, so die Zahlen der Wissenschaft. »Nicht ich«, höre ich Sie empört sagen. Ohne Ihnen zu nahe treten zu wollen, die Statistik spricht gegen Sie. Denn Studien zeigen, dass Menschen in einem zehnminütigen Gespräch durchschnittlich rund drei Mal die Wahrheit zu ihren Gunsten verdrehen. Die Jugend übrigens öfter als das gesetzte Alter, Besserverdienende eher als tiefere Einkommen. Sind wir darum alle »schlecht«?

Nicht unbedingt, denn es gibt Sondersituationen, in denen Notlügen nichts anderes sind als »Abkürzungen«. Sprich, mit ihnen lässt sich das vermeiden, was wir für unnötig halten. Müßige Diskussionen beispielsweise, für die manchmal einfach die Zeit fehlt. Andere vermeiden dadurch Unannehmlichkeiten — womit wir bei der moralisch-ethischen Grauzone angelangt wären. Doch seien Sie in Ihrem Urteil nicht vorschnell. Ob jemand schummelt oder nicht, hat nicht nur mit der eigenen Moralvorstellung zu tun.

5.3.2 Nur mit der Ruhe

Menschen tendieren dazu, unter Zeitdruck häufiger zu Notlügen zu greifen. Schlechte Nachrichten, wenn wir bedenken, dass sich unsere Welt immer schneller dreht, unser Arbeitsleben immer hektischer wird. Studien beweisen denn auch, dass wir der Wahrheit früher häufiger die Treue hielten. Was diese Erkenntnis für unsere Entscheidungsfindung bedeutet? Ganz einfach: Entgegen der Klischees in Filmen nützt es wenig, wenn Sie mit Druck auf die Wahrheit stoßen wollen. Also knipsen Sie die imaginäre Tischlampe aus, die Ihr Opfer im »Verhör« blenden und einschüchtern soll. Lehnen Sie sich zurück und geben Sie sich und Ihrem Gegenüber Zeit. Ohne Druck tendieren wir alle eher dazu, die Wahrheit zu sagen. Umgekehrt heißt das aber auch: Was in der Hektik des Tages gesagt wurde, sollten Sie fortan vielleicht nicht mehr ganz so ernst nehmen. Oder zumindest in einem ruhigen Moment nachfragen: »Du, wie war das nochmal?« So schenken wir allen die Chance, doch noch die Wahrheit ans Tageslicht zu bringen.

Auch wenn ich mich auf diesen Seiten als Notlügner geoutet habe, versuche ich doch insgeheim, es mit Voltaire zu halten.

Alles, was du sagst, sollte wahr sein.
Aber nicht alles, was wahr ist, solltest du auch sagen.
Voltaire

5.4 Große Entscheider — und was wir von ihnen lernen können

Was macht visionäre Entscheider eigentlich zu dem, was sie sind? Höhere Eingebung, Intelligenz, Talent — oder schlicht und einfach das Glück, zur richtigen Zeit am richtigen Ort das Richtige gedacht und gesagt zu haben? Nun, darüber haben schon große Denker wie Platon sinniert und ihre Theorie dazu entwickelt. Heutige Wissenschaftler sehen das etwas pragmatischer und kommen zu dem Schluss: Geniale Menschen kamen mit Talent und Intelligenz zur Welt, den Rest aber mussten und müssen auch sie sich hart erarbeiten. Dazu gehören, so die Forscher, Bildung, Kreativität, Inspiration, Intuition, Beharrlichkeit und Unabhängigkeit.

Was mir dabei gleich ins Auge sticht: Unabhängigkeit. Denn nur, wer sich gedanklich frei bewegt, kann auch Lösungen entwickeln, die nicht an Konventionen oder Vetternwirtschaft gebunden sind. Wie eine Bank zum Beispiel, die Mikrokredite an Ärmste vergibt. Das Gegenbeispiel sind Politiker. Die Meister der Kompromisse und Versprechungen vermögen zwar durchaus in einzelnen, epochalen Sternstunden der Geschichte visionäre Ideen umzusetzen. Aber meist verhindert ihre fehlende Unabhängigkeit von Partei und politischem System innovative Lösungen.

Alle großen Dinge beginnen als Gotteslästerung.
George Bernard Shaw

Ein anderes, häufig zitiertes Beispiel ist Steve Jobs. Der Apple-Mitbegründer gab »a rat's ass«, wie das im US-Marine-Jargon so schön heißt, nämlich rein gar nichts darauf, was Markt und Konsumenten dachten und wollten. Er verstieß damit gegen genau das, was angehenden Marketingstudenten als Basis für Ihre Arbeit eingetrichtert wird. Jobs warf all das über Bord, erfand ein Produkt, für das es weder Bedarf noch eine Nachfrage gab: das iPad. Hätte er sich auf Marktrecherchen, Umfragen und Spezialisten verlassen, würden wir heute noch auf das unnötigste Spielzeug aller Zeiten warten — so jedenfalls wurde das Tablet von Kritikern bezeichnet, als es auf den Markt kam.

Diese Geschichte wiederum bestätigt mich in der Annahme, dass Visionäre zumindest ein Stück weit dominant, selbstherrlich und »verrückt« sein müssen. Nicht umsonst heißt es doch, dass sich die Grenze zwischen Genie und Wahnsinn auf Messers Schneide bewegt. Das wiederum fasziniert uns Menschen derart, dass wir schnell bereit sind, Exzentriker wie Steve Jobs auf einen hohen Sockel zu stellen.

Zu mancher richtigen Entscheidung kam es nur,
weil der Weg zur falschen gerade nicht frei war.
Hans Krailsheimer

Naja, ganz so zufällig funktionieren visionäre Entscheider meiner Meinung nach dann aber doch nicht. Aber was unleugbar ist: Niemand entwickelt etwas von Grund auf neu und alleine. Pablo Picassos Bonmot »gute Künstler kopieren, große Künstler stehlen«, ist ein höchst ehrlicher Ausdruck davon. Oder an einem praktischen Beispiel aufgezeigt: Die Erfindung des Telegrafen war bahnbrechend. Aber nicht ganz so gut wie die des Telefons. Doch auch das verblasst im Licht des Walkie-Talkies, das die Kommunikation mobil machte. Von ihm aber spricht kaum mehr jemand, seit das Funktelefon erfunden wurde. Was jedoch nur halb so smart war wie die Smartphones, die wir heute benutzen. Fortsetzung folgt bestimmt.

Was nichts anderes zeigt: Visionäre sind konstant unzufrieden, darum versuchen Sie ja, den Status quo zu verändern. 2008 hatten beispielsweise Joe Gebbia, Brian Chesky und Nathan Blecharczyk die öden Hotelzimmer satt und fanden, Reisen könnte doch viel inspirierender sein, wenn man mit Einheimischen in Kontakt käme. So entstand die Idee einer Plattform, auf der Reisende Privaträume, -wohnungen und -häuser mieten konnten. Die Idee von Airbnb war geboren. Heute gehört es zu den führenden Unternehmen der »Sharing Economy« und bietet Übernachtungsmöglichkeiten in jeder Preisklasse, in über 34.000 Städten und 190 Ländern an, 1.400 Schlösser inklusive. So ganz nebenbei haben die drei Jungs die globale Tourismusindustrie ganz schön auf den Kopf gestellt. Ein typischer Fall von »Rule-Breaker«. Regeln kann man aber nur brechen, wenn man sie kennt.

Wann immer ich mich zwischen zwei Übeln entscheiden muss, wähle ich das, was ich noch nicht ausprobiert habe.
Mae West

Was uns das Beispiel von Airbnb zeigt: Neue Ideen entstehen nicht, wenn man die gewohnten Wege auf und ab marschiert. Etwas Abenteuerlust gehört schon dazu. Wer also stets auf Nummer sicher geht, wird kaum in den Geschichtsbüchern landen. Auf der anderen Seite: Nur eine gute Idee alleine verhilft nur höchst selten zum Durchbruch. Durchhaltewillen ist vielleicht noch wichtiger.

Wie das gehen kann, zeigt das Beispiel von Harman Sanders, dem Erfinder von Kentucky Fried Chicken. Er durchlebte Mitte des 20. Jahrhunderts eine höchst turbulente Karriere mit Imbissbuden am Rande abgelegener Autobahnen. Mit 64 Jahren stand er vor dem Nichts. Doch selbst zu diesem Zeitpunkt zweifelte er keine Sekunde daran, dass sein Hühnchen-Rezept verdammt gut war. So reiste er kreuz und quer durch die Staaten, schlief notfalls auch auf der Rückbank seines Autos, machte Lokalen sein Rezept schmackhaft und kochte es bei Bedarf auch gleich vor. Traf es die Geschmäcker, handelte er gleich die Franchising-Lizenzen aus. Und so kam es, dass er in einem Alter, mit dem andere allenfalls noch hobbymäßig kleine Fische aus Flüssen und Seen zogen, mit eisernem Einsatz den ganz großen Coup landete und eine Kette aufbaute, die sich bald global ausweitete. Hätte er all die Nein's (**NEIN** steht für »**N**och **E**ine(r) **I**st **N**eidisch«), die ihm um die Ohren flogen, akzeptiert, wäre es nie so weit gekommen.

!

Visionäre Entscheider lehren uns also manches:
- Lebe in der Gegenwart — aber antizipiere, was du morgen wo brauchst.
- Denke frei und unbestechlich.
- Benutze alles, was sich intelligent anhört, als Inspiration.
- Und nicht zuletzt: Lass dich von Widerständen nicht gleich entmutigen.

Ich habe mir darum eine Zeitlang zur Angewohnheit gemacht, jeden Tag etwas Neues zu erfinden. Mal war es eine Geschichte, mal eine Theorie, mal ein Produkt, das ich mir in meinen Alltag wünschte. Nicht mit der Absicht, damit den Gang zum Patentamt anzutreten. Vielmehr ging es mir darum, meinen Geist zu öffnen und zu schärfen. Das macht nicht nur Spaß, es bereichert unser Leben. Selbst wenn man wie ich nicht die Absicht hegt, dereinst jung, berühmt und schön zu werden.

5.5 Die letzte Entscheidung — unser Testament

Es gibt Entscheidungen, die sind schnell vergessen. Andere hallen länger nach. Aufhören zu rauchen beispielsweise kann etwas sein, dessen wir uns für den Rest des Lebens rühmen. Unter allen Entscheidungen aber sticht eine hervor, weil sie uns überdauert. Weil sie uns in gewissem Sinne »unsterblich« macht. Unser Testament. Unser Vermächtnis.

»Wir sollten uns nicht zu wichtig nehmen«, habe ich an früherer Stelle geraten. Warum also soll nun unser Nachlass so bedeutend sein? Weil es dabei nur teilweise um Sie geht und viel mehr darum, was Sie an ideellen und materiellen Werten an Ihre Nächsten weitergeben. Doch seien wir ehrlich: Wer denkt heute schon über ein Testament nach? Schließlich stehen wir Mitten im Leben. Das Leben ist noch lang, über 80 werden wir im Schnitt, Tendenz weiter steigend. Und sowieso: Wir alle sind überzeugt, im hohen Alter, grauhaarig, etwas kauzig und mit Falten im Gesicht auf einem Bänkchen zu sitzen und mild lächelnd auf ein erfülltes Leben zurückzublicken. Doch Vorsicht. Damit wir dereinst so zufrieden mit uns sein können, müssen wir heute die Entscheidungen treffen, die uns in Jahren auch wirklich stolz machen. Und vor allem: Auch wenn uns die durchschnittliche Lebenserwartung ein hohes Alter erhoffen lässt, ist das keine Garantie. Mir wurde das bereits als Kind bewusst, als meine Eltern mitten aus dem Leben gerissen wurden. Wiegen Sie sich also nicht zu sehr in Sicherheit, selbst wenn Sie in einer glücklichen Beziehung leben, die ja bekanntlich lebensverlängernd wirkt.

Ich jedenfalls halte es wie bei einer netten Party, auf der ich mich von Gastgebern und Gästen dankend für die vergnügliche Zeit verabschiede. In etwa so stelle ich mir auch mein Testament vor.

5.5.1 Gibt es ein Leben vor dem Tod?

Statistisch erwiesen: Die meisten unter uns glauben an ein Leben nach dem Tod. Das mag uns etwas versöhnlicher mit dem Thema umgehen lassen, dass eines Tages auf diesem Planeten von uns nichts außer Asche oder ein paar Knochen übrig bleibt. Sich mit dem eigenen Testament zu beschäftigen, hat in meinen Augen aber auch einen ganz anderen Vorteil: Wir setzen uns heute damit auseinander, wie wir leben. Finden wir das gut? Stimmt es uns zufrieden? Was möchten wir ändern? Leben wir Kompromisse, die wir im Grunde genommen nicht einzugehen bereit sind? Leben wir zu egozentrisch? Möchten wir etwas Weitergeben, jemandem auf die Beine helfen, der das gut gebrauchen könnte? Auch außerhalb der Familie? Anders gesagt: eine handfeste Standortbestimmung.

Denn zu häufig und zu schnell vergessen wir — unsere übergeordneten Wünsche und Lebensziele rücken im hektischen Alltag gerne in den Hintergrund. So kann uns das Definieren eines Testaments durchaus dabei behilflich sein, ein Leben vor dem Tod zu bestimmen, auf das wir auch wirklich stolz sein können, wenn wir auf dem Sterbebett liegen. Für nicht weniger sind wir hier.

Der Tod geht stolz spazieren.
Doch Sterben ist nur Zeitverlust –
Dir hängt ein Herz in deiner Brust,
Das darfst du nie verlieren.
Joachim Ringelnatz

Ob Sie nun ein Testament oder einen Erbvertrag aufsetzen, ob Sie digitale Grüße aus dem Jenseits verfassen, die Ihre Liebsten nach Ihrem Ableben erreichen, oder mit künstlicher Intelligenz einen Avatar bauen lassen, der nach Ihrem Tod eine virtuelle Kommunikation zwischen Ihnen und Ihren Hinterbliebenen ermöglicht (das ist heute möglich!), ist Ihre Sache, das will ich nicht beurteilen. Wichtig ist: Was wir noch zu Lebzeiten und bei vollem Bewusstsein selbst entscheiden können, sollten wir dann tun, wenn wir daran denken. Nämlich jetzt.

> **Beispiel**
> »Sind Sie zufrieden mit Ihrem neuen Hörgerät?«, wollte ein Arzt von seinem Patienten wissen. »Und wie«, entgegnete er ihm. »Ich hab mein Testament seither schon fünfmal geändert.«

Man kann also auch über dieses Thema herrliche Witze machen. Die übrigens müssen auch vor dem Testament nicht haltmachen. Wer beispielsweise an die Reinkarnation glaubt, darf sich auch selbst testamentarisch einsetzen.

Oder mit den Worten von Woody Allen: »Ich habe keine Angst vor dem Tod, möchte aber nicht dabei sein, wenn er kommt.«

Ich wünsche Ihnen aber vor allem ein erfülltes Leben — vielleicht ja auch beflügelt von einer neuen Lust am Entscheiden. Ich erhoffe es mir — ich wünsche es Ihnen.

Anhang

Entscheidungskompass — in welche Richting tendieren Sie? 198
Auf einen Blick: Zehn Tipps für lustvolles Entscheiden 203

Anhang

Entscheidungskompass — in welche Richtung tendieren Sie?

Entscheidungsfäller oder Entscheidungsträger, was sind Sie?
Erfahren Sie es. Mit diesen Fragen zur Selbsterforschung kommen Sie sich selbst auf die Schliche. Wenn Sie den Mut haben, sich die Wahrheit einzugestehen. Darum: Ziehen Sie sich für ein paar Minuten zurück und belohnen Sie sich mit ehrlichen Einsichten. Schlussendlich reifen wir mit den Entscheidungen — und nicht mit den Jahren.

Ihr Entscheidungskompass

Erhalten Sie durch Ihre Selbstgespräche Antworten — oder Fragen?	
Und halten Ihre Gedanken einen Monolog — oder Dialog?	
Wie oft vergleichen Sie Ihre persönliche Lebenssituation mit anderen?	
Würden Sie Ihren Partner wieder heiraten? Und wie lange haben Sie bei dieser Antwort gezögert?	
Sie erzählen Kollegen von einem Film, den Sie neulich gesehen haben. Gelingt es Ihnen, die Geschichte in drei Sätzen zusammenfassen?	
Denken Sie im Restaurant öfters, Sie hätten besser das Gleiche wie Ihr Gegenüber bestellt?	
Sie haben Kinder? Wer hat die Namen vorgeschlagen, die Ihr Nachwuchs heute trägt?	
Was war die beste Kaufentscheidung Ihres Lebens?	
Und wie lange haben Sie dazu gebraucht?	
Wir alle machen Fehler. Zum Glück. Machen Sie neue? Oder trampeln Sie bevorzugt in alte Fallen?	
Bei einem Meeting wird eine Frage in die Runde geworfen. Wann melden Sie sich zu Wort? Ändern Sie Ihre Meinung mit den Argumenten, die Sie hören?	
Kennen Sie den Unterschied zwischen »überzeugt« und »stur«? Beschreiben Sie ihn?	

Entscheidungskompass — in welche Richtung tendieren Sie?

Die nächsten Wahlen stehen an. Wer prägt Ihre Meinung am stärksten? Nachrichten? Parteien? Talkshows? Facebook? Informieren Sie sich aktiv — oder lassen Sie sich von den Nachrichten »berieseln«?	
Sie sehen auf Facebook einen Post, der Ihnen gefällt. Noch aber hat niemand den Like-Button geklickt. Sind Sie die/der Erste — oder warten Sie lieber etwas ab?	
Sie gehen auf digitale Einkaufstour und legen einen Artikel in den Warenkorb. Wie häufig brechen Sie den Einkauf ab?	
Fahren Sie am liebsten immer an den gleichen Ort in den Urlaub? Oder entdecken Sie lieber Neues?	
Im Büro wird über Kollegen getratscht. Verbreiten Sie die Geschichten weiter? Beeinflussen die Gerüchte, wie Sie mit den Betroffenen umgehen?	
Sehen Sie Entscheidungen, die gegen Sie ausfallen, als Herausforderung?	
Suchen Sie nach Optionen oder verharren Sie im Tal der Tränen?	
Wie oft sind Sie schon mit vollkommen falschen Voraussetzungen in ein (Telefon-)Gespräch gegangen, die sich am Schluss als unwahr, überzogen oder nicht gerechtfertigt herausgestellt haben?	
Gelingt es Ihnen, neutral und unbefangen, ohne Vorurteil einen Anruf entgegenzunehmen, obwohl Sie wissen wer anruft?	
Was denken Sie, wenn Sie einen bestimmten Namen in einer E-Mail oder auf dem Telefon-Display lesen? Treffen Sie schon eine Vor-Entscheidung über die Person? Den Gesprächsinhalt? Die Länge der E-Mail oder die Dauer des Telefonats?	
Unter welchen Voraussetzungen haben Sie selbstkritisch festgestellt, dass die persönliche Erwartungshaltung an etwas zu hoch war?	
Warum war der Erfüllungsgrad höher/niederer als erwartet?	
Wann wurden Sie das letzte Mal überrascht?	
Wie schnell erkennen und akzeptieren Sie Entscheidungen, die Sie nicht mehr ändern können? Wie lange verharren Sie im Grübel- oder Mitleidmodus? Welche Lehren ziehen Sie daraus?	

Wie halten Sie es mit der Wahrheit? Ist zweimal die halbe Wahrheit wirklich die ganze Wahrheit? Wann und warum haben Sie sich zuletzt einer Notlüge bedient?
Wem vertrauen Sie am wenigsten und warum? Zu wem haben Sie am meisten Vertrauen und warum?
Wie oft haben Sie gedanklich schon »Vor-Entscheidungen« getroffen, sich etwas ausgemalt, wie es kommen könnte, und wie war Ihre Reaktion darauf, als die Situation sich anders ergab als vorgestellt?
Wie reagieren Sie grundsätzlich, wenn etwas nicht so kommt, wie Sie es sich gewünscht haben, oder wenn Sie in dieser Situation anders entschieden hätten?
Wann haben Sie sich zuletzt für den »ersten Schritt« entschieden — nach einem Streit, einer entglittenen Diskussion oder einer Verhandlung?
Wenn Sie ein entschiedenes Nein hören, wie groß ist der Anteil an Verständnis für die Situation des Nein-Sagenden und wie viel Einfühlungsvermögen braucht es für Sie, um es zu akzeptieren, ohne zu hinterfragen?
Arbeiten Sie Ihre Trübsal-Liste regelmäßig ab und haben Sie eine Liste für den Frühjahrsputz der Entscheidungen?
Wie oft sind Sie bei einem klaren Nein schon »umgefallen« — wieso und was waren Ihre »inneren Argumente«, doch noch zu Ja tendiert zu haben — und umgekehrt?
Inwieweit beeinflusst Geld Ihre Entscheidungen? Rechnen Sie quer und saldieren Ihre »Draufzahler« mit Ihren »Gewinnbringern« oder errechnen Sie nur den finanziellen Verlust oder Gewinn für den Moment?
Räumen Sie Ihrem Gesprächspartner das Recht ein, so zu sein, wie er ist, oder müssen Sie alles kommentieren?
Wie weit geht Ihr Perfektionismus und wo liegt Ihre Flexibilitätsgrenze?
Ab wann macht Beharrlichkeit keinen Sinn mehr? Wie lange sind Sie »entschieden dagegen«?
Wie oft verteidigen Sie Ihren Standpunkt?

Und? Was sagen Ihnen Ihre Antworten? Nehmen Sie Ihr Leben selbst in die Hand? Haben Sie den Mut, sich zu exponieren, anders zu sein als die anderen? Oder zögern Sie eher? Können Sie Fehler auch mal akzeptieren — oder hadern Sie wochenlang? Genießen Sie den Komfort, jede Entscheidung mit dem Partner oder mit Freunden zu besprechen? So oder so. Mit diesem Buch entdeckten Sie hoffentlich »Die neue Lust am Entscheiden«. Ich wünsche Ihnen viel Spaß dabei.

Dr. Wolfgang Frick

PS: Wie sehr glauben Sie an das Glück? Beiliegende Würfelvorlage soll Ihnen notfalls helfen, die »richtige Entscheidung« zu treffen. Ganz im Sinne von »Die Würfel sind gefallen«. Viel Glück in allem was Sie tun — ganz egal, wie Sie sich entscheiden.

Anhang

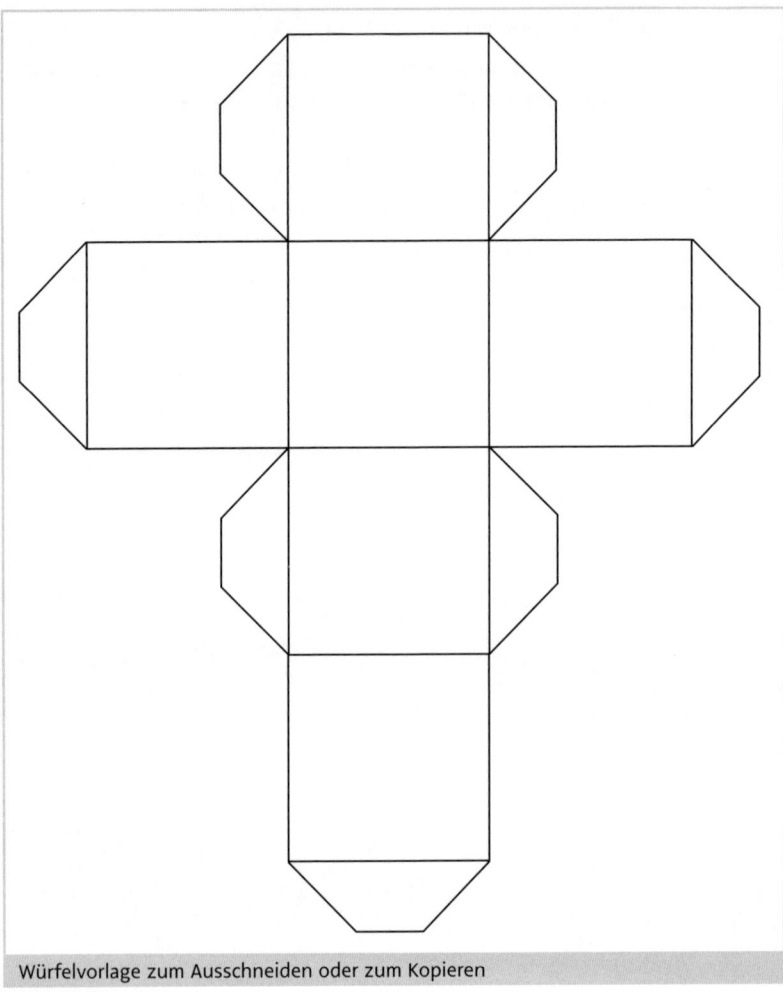

Würfelvorlage zum Ausschneiden oder zum Kopieren

Beschriften Sie die einzelnen Seiten des Würfels mit individuellen Entscheidungsoptionen: Ja, Nein, Vielleicht, Vorübergehend, Morgen, Übermorgen, Gar nicht usw. Kreieren Sie Ihren individuellen Entscheidungswürfel unterschiedlichster Optionen.

Auf einen Blick: Zehn Tipps für lustvolles Entscheiden

Tipp 1: Machen Sie eine Trübsal-Liste — und den Sterbebett-Test
Schreiben Sie auf, was Ihre Laune trübt. Am Ende des Lebens ärgern wir uns mehr über die Dinge, die wir nicht gemacht und gewagt haben. Eine Inspiration bietet der Sterbebett-Test: Stellen Sie sich abends vor, Sie würden auf dem Sterbebett liegen und über Ihr Leben Bilanz ziehen. (Siehe Abschnitt 4.1.1)

Tipp 2: Seien Sie ruhig einmal nicht ganz hundertprozentig
Schützen Sie sich vor oberflächlichem Wissen genauso wie vor einem Informations-Overload. Streben Sie darum eine 80 Prozent-Wissensquote an. Erliegen Sie nicht der Versuchung, immer alles zu 100 Prozent ergründen zu wollen. (Siehe Abschnitt 4.2.1)

Tipp 3: Die Würfel sind gefallen
Nehmen Sie statt zu grübeln den »Entscheidungssimulator« zur Hand, greifen Sie nach den Würfeln und würfeln Sie Ihre Entscheidung herbei. (Siehe Abschnitt 4.3.1)

Tipp 4: Seien Sie mal nicht Sie selbst
Schlüpfen Sie in die Rolle von Menschen, deren Werte Sie teilen — oder auch nicht —, und stellen Sie sich vor, wie die betreffende Person das jeweilige Problem lösen würde. (Siehe Abschnitt 4.4.1)

Tipp 5: Der Aufzug zur Erleuchtung
Suchen Sie das höchste Gebäude in Ihrer Umgebung auf und steigen Sie in den Aufzug. Nehmen Sie sich vor, während der Dauer der Liftfahrt die Entscheidung zu treffen, die Sie schon seit Tagen quält. (Siehe Abschnitt 4.5.1)

Tipp 6: Frühjahrsputz
Beim Frühjahrsputz verziehen sich die dunkle Jahreszeit und der Mief des Stubenhockens. Die Lebenskraft, die sich in der Natur zurückmeldet, versorgt uns mit positiver Energie. Treffen Sie Entscheidungen, insbesondere wichtige, wenn Sie sich »voll im Saft« fühlen. Also gut, ausgeglichen und positiv. Denn die Energie Ihrer Geisteshaltung beeinflusst nicht nur Ihre Entscheidung — sondern auch deren Ausgang. (Siehe Abschnitt 4.6.1)

Tipp 7: Führen Sie sich Ihre Situation vor Augen
Machen Sie sich Ihre verbleibende Lebenszeit bewusst und fertigen Sie eine Erfolgskurve für Ihr Leben an. Zieht sich die Linie auf hohem Niveau übers Papier, können Sie mit sich zufrieden sein. Sie scheinen im Leben vieles gut und richtig zu entscheiden. Schlängelt sich die Linie dagegen durch die tiefen Gefilde des Blattes, sollten Sie lernen, andere Entscheidungen zu treffen. (Siehe Abschnitt 4.7.1)

Tipp 8: Schenken Sie sich ein Motto
Schenken Sie sich eine Lebensprämisse. Einen Satz, der Sie ständig an Ihr Lebensziel, an ein Vorhaben erinnert — und Sie dazu ermuntert weiterzumachen, auch wenn die Umstände einmal nicht günstig sind. (Siehe Abschnitt 4.8.1)

Tipp 9: Denken Sie um die Ecke
Malen Sie sich die Folgen Ihrer Entscheidung aus. Welche Situation entsteht daraus? Und wie können Sie auf diese reagieren? Werden Sie zum Schachspieler, der stets vier, fünf Züge vorausdenkt und auf jede Antwort seines Gegners vorbereitet ist. (Siehe Abschnitt 4.9.1)

Tipp 10: Peilen Sie den richtigen Weg an
Bevor es losgeht, sollten Sie erst einmal grundsätzlich die Richtung klären. Also: Was wollen Sie denn mit Ihrem Leben anfangen? Hören Sie dabei auf Ihre innere Stimme. Vermeiden Sie es, dem Zeitgeist oder führenden Sprachrohren unserer Zeit zu folgen. (Siehe Abschnitt 4.10.1)

Der Autor

Wolfgang Frick ist gelernter Österreicher und wurde 1966 in Bludenz, Vorarlberg, als jüngstes von neun Kindern geboren. 1996 heiratete Frick. Er ist Vater von vier Kindern. Sein Studium der Betriebswirtschaft schloss Wolfgang Frick 1992 in Innsbruck mit einer Diplomarbeit zur »Strategischen Neuausrichtung im Verkauf« ab. Anschließend studierte er Publizistik und Kommunikationswissenschaft in Salzburg an der Paris-Lodron-Universität und promovierte 1996 mit der Dissertation »Corporate Design als Identitätsstrategie«.

In seinen mehr als 30 Lehr-, Studien- und Berufsjahren war er — in unterschiedlichen Rollen — für über 30 Marken tätig. Heute leitet er das Vorstandsressort »Marketing und Sortimentsmanagement« auf Konzernebene in der Schweiz. Neben einem intensiven Berufsleben engagiert er sich seit 1986 ehrenamtlich und fachlich als Vizepräsident Marketing Club Vorarlberg und als Mitglied des Expertenteams des Schweizer Werbe- und Auftraggeberverbandes wie auch sozial als Gründungspräsident des Ersten Gemischten Lions Club LC Silvretta.

Darüber hinaus ist er als Dozent an Hochschulen und privaten Bildungseinrichtungen sowie als Vortragender mit den Schwerpunkten »markengeführte Unternehmenskultur«, »Touchpoint-Management« und »ROMI« sehr gefragt. Im März 2013 ist sein erstes Buch »Patient Marke — Kunstfehler im Marke-ting« erschienen, inzwischen in der 3. Auflage erhältlich.

Workshops auf höchster Ebene

Die Hard-Facts

▶ **Ideal geeignet für Gruppenseminare mit 8 bis 12 Personen**

▶ **RAUM-Ausstattung:**
  - Mobiler Klein-Beamer
  - Apple TV
  - Curved-Flat-TV
  - W-Lan
  - Flip Chart und Magnetwand
  - Moderatorenkoffer
  - Drohnen-Kamera
  - Bluetooth Anbindung an Drucker und Lautsprecher
  - 3D-Drucker auf Wunsch verfügbar
  - Heiß- und Kalt-Getränke ab Flugzeugtrolly
  - Seminarunterlagen und
  - Fernsicht bis zum Bodensee inklusive

▶ **Location:** Bazora 38, A-6820 Frastanz, Österreich (1036 m über dem Meeresspiegel)

▶ **Kontakt:** +43 (0)664 / 88 329 344
workshop@seminarraum-bazora.at
seminarraum-bazora.at

WAS FEHLER KOSTEN KÖNNEN UND DÜRFEN

192 Seiten
Buch: € 24,95 [D]
eBook: € 21,99 [D]

Provokant und pointiert seziert der Autor die häufigsten Kunstfehler im Marke-ting und hilft, den Patient Marke wieder fit zu machen. Ziehen Sie Gewinn aus den Missgeschicken anderer, stärken Sie den Markenkern und machen Sie Ihre Marke krisenresistent.

Jetzt bestellen!
www.haufe.de/fachbuch
(Bestellung versandkostenfrei),
0800/50 50 445 (Anruf kostenlos)
oder in Ihrer Buchhandlung